高职高专文秘专业系列教材

会议管理

主　编　张　智　袁思强
副主编　刘立恒　罗春娜
参　编　张素芬　罗丽丽　田艳珍　麦清芳

暨南大學出版社
JINAN UNIVERSITY PRESS

中国·广州

图书在版编目（CIP）数据

会议管理/张智，袁思强主编；刘立恒，罗春娜副主编.—广州：暨南大学出版社，2017.7（2020.7 重印）
（高职高专文秘专业系列教材）
ISBN 978-7-5668-2133-1

Ⅰ.①会… Ⅱ.①张…②袁…③刘…④罗… Ⅲ.①会议—组织管理学—高等职业教育—教材 Ⅳ.①C931.47

中国版本图书馆 CIP 数据核字（2017）第 125938 号

会议管理
HUIYI GUANLI
主编：张　智　袁思强　副主编：刘立恒　罗春娜

出 版 人：张晋升
责任编辑：黄文科
责任校对：苏　洁
责任印制：汤慧君　周一丹

出版发行：暨南大学出版社（510630）
电　　话：总编室（8620）85221601
营销部（8620）85225284　85228291　85228292　85226712
传　　真：（8620）85221583（办公室）　85223774（营销部）
网　　址：http://www.jnupress.com
排　　版：广州尚文数码科技有限公司
印　　刷：广东虎彩云印刷有限公司
开　　本：787mm×1092mm　1/16
印　　张：10.75
字　　数：245 千
版　　次：2017 年 7 月第 1 版
印　　次：2020 年 7 月第 2 次
定　　价：32.00 元

前 言

办文、办会、办事是文秘工作的三大职能，会议组织和服务是每个文秘工作者应掌握的基本技能。在此前的教学过程中，我们教授给学生的是通用的会议组织和服务的方法与技能，大部分学生通过实践后发现，不同会议的操办流程和细节不尽相同，于是回来寻求更详尽的解决方法，如：如何针对不同的会议进行组织和服务？作为文秘专业教师，我们有责任指导学生寻找答案，于是我们将参考答案编写成书，希望对广大文秘工作学习者有所帮助。

本书是一本项目引领、任务驱动式的高职高专教材，由文秘专业教师和企业、事业单位秘书岗位工作者共同编写。本书的编写思路是挑选企业会议中的集中代表性会议，按照各类型会议的操办流程进行编写。全书设置了 5 个模块、9 个学习性工作任务，在内容编排上，从企业部门内部的小型会议到中层经理例会和高层股东会议，从简单的小型会议到复杂的中大型会议（如年会、职工代表大会），再到人员庞杂、讲究较多的对外交流会议与会展，如此由浅入深，由简单过渡到复杂，让学生在学习中循序渐进，过渡自然，体现了现代高职教育的教学思想。

本书各模块下有学习目标和技能目标，各任务前有案例启示、任务引入、任务分析和知识链接，后有相关范例样本、思考与练习，中间是任务实施过程及知识点，由此突出教材的可读性、实践性和实用性。本书由张智整体策划，并负责全书的修改和统稿；刘立恒负责模块 1 的任务 1、任务 2；张智、袁思强负责模块 1 的任务 3、模块 3 的任务 6；罗春娜负责模块 5 的任务 9；张素芬负责模块 2 的任务 4、任务 5；罗丽丽负责模块 4 的任务 8；田艳珍负责模块 3 的任务 7；广东三友集团办公室主任麦清芳对本书的编写亦有贡献。

本书在编写过程中参考和借鉴了大量的国内外最新研究成果，在此一并向有关专家学者表示感谢。由于编写时间紧迫，书中难免有不足或疏漏之处，恳请广大读者提出批评和建议。

编 者

2017 年 4 月

目　录

前导知识——认识会议

一、会议的含义

会是指多人相聚，议是指协商事宜，会议其实就是把人们召集在一起讨论事情、解决问题的一种社会活动方式。

现代社会，会议已经成为人们开展政务、经济、文化以及其他社会活动的一种重要的社会交流手段。本书讲述的会议是指企业有组织、有目的地召集工作人员商议事情、沟通信息、表达意愿、部署工作、联络感情的集会。

二、会议组成的基本要素

任何会议都由一定的要素构成，缺少某些必要的要素，会议就无法召开。在会议承办之前，首先应该明确一个完整的会议应包括哪些基本要素，便于有针对性地开展工作，从而有效地提高会议的效率。会议组成的基本要素如下：

（一）会议的名称

任何会议都应有一个名称，会议的名称一般由会议举办单位和会议主题构成。例如“××有限公司××年人事调动会议”。

（二）会议的时间

会议的时间应该包含两方面内容：

1. 会议的具体时间

内容要求明确到具体的年、月、日、小时和分钟，如“于20××年×月×日上午8：00召开××会议”。

2. 会期

会期指会议全过程预期延续的时间。这必须向与会者明确，以便于参会人提前做好相关的用品准备和工作安排。例如“20××年×月×日—×日，共×天会议”。

会议的时间是保证会议成功的重要因素，一旦会议时间选择不当，就可能使筹备会议的各种努力付诸东流。

（三）会议的地点

会议的地点合适与否是保证会议顺利进行的要素之一，安静、舒适、优雅的会议环境与良好的会议设施有助于提高会议的效率和质量。会议地点的选择虽然没有铁定的规则可循，但在选择会议地点时首先要考虑会议的目的、主题和内容。

（四）会议组织者

会议组织者通常是发起会议、召集会议、提供会议服务的人，既可以是单位，也可以是个人。

（五）与会人员

参加会议的人员大致可分为出席人员、主持人员、秘书人员、服务人员四类。较大规模的正规会议，一般都有正式出席人员、列席人员、会议主席团及会议执行主席、会议秘书处及秘书长、会议服务人员等。

（六）会议的议题和议程

会议的议题，即会议要集中讨论、解决的问题，它是构成会议的一个很重要的因素。每个会议都必须有明确的指导思想、具体的任务和要达到的目的。所以，无论开什么会议，都要先确定议题，否则会议内容、会议文件、与会人员等都无从确定和落实。

会议的议程，即会议的程序表。会议一定要有完善合理的安排，并且严格按照议程来进行。编排会议议程应遵循以下两个原则：

一是按照议案的轻重缓急编排处理的先后次序，即紧要的事项应安排在议程的前端处理，不紧要的事项安排在议程的后端处理。

二是预估和标示处理每个议案所需要的时间，在会议议程中明示几点几分到几点几分探讨某一议案，这样会务人员可以更好地把握发言人进场和发言的时间，从而节省与会者的时间。

（七）会议的成果

会议是以解决问题为目的的社会活动，因此会议一定要尽可能达到预期的效果，所有的会务工作都必须围绕会议的效果展开，帮助会议达成目标。

会议的成果包括会议最终形成的决议或决定、与会者达成的共识、会议的选举结果等。会议的成果能反映出会议的效率、会议主持人的水平、与会者的参与程度等多方面的情况。

三、会议的类型

从不同的角度来看，会议可以分为不同的类型，每类会议都有其各自的特点和办公要求。了解和掌握会议的类型，才能更好地认识和组织会议，在更大程度上发挥会议的作用。

（一）按会议性质分类

根据不同的性质，会议可分为：

（1）法定性或制度规定性会议。如党代会、人代会、职代会、妇代会、股东大会等。

（2）决策性会议。如常委会、党组会、理事会、行政会、董事会等。

（3）工作性会议。如动员大会、工作布置会、经验交流会、现场办公会、总结会、联席会、座谈会、协调会、务虚会等。

（4）专业性会议。如研讨会、论坛听证会、答辩会、专题会、鉴定会等。

（5）告知性会议。如表彰会、纪念会、庆祝会、请功会、命名会等。

（6）商务性会议。如招商会、订货会、贸易洽谈会、观摩会、产品推介会、促销会等。

（7）联谊性会议。如接见、会见、茶话会、团拜会、恳谈会、宴会等。

（8）信息性会议。如新闻发布会、记者招待会、报告会、咨询会等。

（二）按举办单位分类

根据举办单位的性质不同，会议可分为：

1. 公司类会议

公司类会议通常以管理、协调和技术等为主题，具体可分为经理例会、部门员工例会、销售会议、经销商会议、技术会议、公司年会、新产品发布会以及股东会和董事会等。

2. 协会类会议

协会可以划分为行业协会、专业和科学协会、教育协会和技术协会等类型，按规模大小，有地区性组织协会、省市级协会、全国性协会、国际性协会等。由协会牵头主办的会议称为协会类会议。

3. 机关、事业单位及其他组织的会议

如各级人民代表大会、政治协商会议，各级党、政、军机关举办的会议，以及工、青、妇等人民团体组织的会议等。

（三）按会议规模分类

按规模分是指按照参加会议的人数来分，一般可分为：小型会议、中型会议、大型会议、特大型会议。

（1）小型会议。出席人数为 100 人以下。

（2）中型会议。出席人数为 100 ~ 1 000 人。

（3）大型会议。出席人数为 1 000 ~ 10 000 人。

（4）特大型会议。出席人数为 10 000 人以上，例如大型节日聚会、庆祝大会等。

当然，以上标准也是相对而言的，如果对一个只有 300 人的小型社会组织来说，开一个全体员工的会议也算是大型会议。

（四）按会议周期分类

按周期来分，会议可分为定期会议和不定期会议。定期会议是指有固定周期、定时召开的会议；不定期会议则是根据需要随时召开的会议。

（五）按会议手段分类

1. 传统型会议

传统型会议一般是指参会人员坐在同一个会场中，按照既定程序开会的传统方式。

2. 现代化会议

现代化会议指充分利用现代化通信网络和高科技手段来召开的电子会议，如电话会议、视频会议、卫星会议等。

新型的会议形式，突破了空间距离给与会者带来的奔波和麻烦，使身处异地的人们也能照常举行会议，大大地节省了会议花费的时间和场地租用成本。但是，现代化会议的配套设备成本不低，同时还需要与会者有较高的文化素质才能操控会议设备，所以暂时未能得到很好的推广和普及。

四、会议的作用

会议的作用主要可概括为以下四个方面：

（一）集思广益

通过会议使不同的人、不同的想法汇聚一堂，相互碰撞，擦出火花，从而产生一些富有创意、切实可行的“金点子”，并通过会议进行决策，是实现决策科学化、民主化的有效手段。

（二）信息交流

任何会议都是某种信息的输入、传递、输出的过程。通过会议可以上传下达，联络左右，互通情况，交流经验，发挥信息沟通的作用。较之其他沟通形式，会议沟通具有直接、快速和形象的优势。

（三）加强领导

通过会议，可以传达上级的政策和指令，可以部署本组织的中心工作和重大行动，可以责成所属单位统一行动步调，可以解决工作中存在的某些问题。因此，会议能起到行政手段的作用。

（四）协调矛盾

运用座谈、对话、协商等会议形式，往往能收到事半功倍的协调效果。

五、会议的工作流程

会议的工作流程一般包括会前筹备、会中服务、会后收尾三个阶段。

（一）会前筹备

会前筹备一般包括确定会议名称、确定会议时间和地点、拟订会议的议题、拟订会议议程和日程、确定与会人员名单、制订会议方案、制发会议通知、安排会议食宿、准备会议资料与用具、会议经费预算、会场布置及会场布局、检查设备等工作。

（二）会中服务

会中服务一般包括接站、报到与签到、会议记录、收集会议信息、对外宣传、接待新闻媒体、编制会议简报、会议值班、茶水服务、会议保密、医疗卫生服务、拍照录像服务等工作。

（三）会后收尾

会后收尾一般包括安排车辆、引导与会人员离开会场、清理会场、清退文件、整理会议室、归还会场用品、撰写会议纪要、会议评估、整理会议文件、会议经费结算、会议反馈、会议总结等工作。

模块 1

工作会议

学习目标

1. 掌握部门晨会的操办流程和方法
2. 掌握经理例会的操办流程和方法
3. 掌握股东大会的操办流程和方法

技能目标

1. 能够组织操办部门晨会
2. 能够组织操办经理例会
3. 能够组织操办股东大会

任务 1 部门晨会

案例启示

一个跨国公司的销售部门，有大约100位员工，部门经理秘书王鑫对于有效沟通的力量和必要性深信不疑。因此，他协助经理每天召开部门晨会，让经理集合部门内各个小组的员工，向员工介绍公司的重大行动及其对本部门可能产生的影响，部署部门当天的工作安排和工作目标，并询问大家存在的问题。但是，经理发现提出的问题基本上都来自项目高级经理，问题数量少且都没有什么建设性，而员工们似乎有什么顾虑，总是一声不吭，晨会并没有达到预期的效果，这根本不是经理想要的。

王鑫带着疑问请教了经验丰富的部门经理秘书宋谦。宋谦问王鑫召开部门晨会的目的是什么。王鑫说是向部门全体员工总结概括一下公司的重大行动，同时促进他们进一步讨论，使员工多了解公司动向，降低员工对公司重大变化的不确定性。

宋谦笑了笑说："这是部门会议的目的，而不是部门晨会的目的。部门晨会应该形式多样、活泼生动一些，这样可以激励员工气势，树立良好的工作信心，彰显向上的精神面貌。"

王鑫茅塞顿开，从那以后他建议经理，先把部门内部的员工按项目策划组、营销小组等分为各个小组，由他协助组长组织晨会，并要求组长控制好时间，召开简短的晨会，给大家提供相关的活动和重要信息并鼓舞士气。而部门经理只是轮流参加各个小组的晨会，很快部门晨会就取得了很好的效果。

分析：很显然，与会员工们一开始并不满意秘书王鑫组织的晨会，因为他们已经表现出事不关己的态度，原因在于王鑫对于晨会目的的错误认识，对于晨会缺乏周密的思考和安排，领导控制的时间太多，其他成员参与过少，会议达不到预期的效果，与会的员工们早就失去了该有的活力和热情。所以，成功的部门晨会必须明确目的，经过充分的准备，每一个细节都要考虑周全，这样才能使会议收到效果。

晨会是企业最基层的管理工具，必须由秘书协助最基层的班组长来做，因为他们最了解基层的情况与动向，只要很好地运用晨会这一管理工具，就可以起到事半功倍的成效。因此，员工多的部门晨会不应由部门经理主持，而应由小组长主持，这样就可以保证每位员工都能参与到晨会的活动、游戏、分享等各项互动节目中来。部门晨会应该形式多样、活泼生动，多一些激励员工的话语或者评价，这样就可以激励员工气势，树立良好的工作信心，彰显向上的精神面貌。

任务引入

任务背景：为了保证员工工作目标的落实，加强同事之间的相互配合，同时宣导公司的企业文化与经营理念，美颜酒业有限公司总经理希望公司各个部门能够执行部门晨会制度，从而提高每一位员工的积极性和工作热情，并提高自身的修养和对企业文化的认识。

任务：总经理秘书林路积极响应公司号召，协助行政部各班组长有效地组织召开晨会，以达到部门晨会的目的。

任务分析

部门晨会是现代企业日常（行政管理）工作中不可缺少的一项工作。部门晨会形式活泼、内容丰富，可以很好地激励员工，渲染积极向上的工作氛围；晨会还是一个企业的核心价值观和企业文化的外在表现形式，通过晨会可以有针对性、有目的地去辅导和培养员工的团队合作意识，在晨会上表彰计划执行有效、业绩突出的员工，不仅可以给大家树立榜样，同时也可以鼓舞士气，加强团队建设。

作为秘书人员，要辅助所在部门班组长组织和召开晨会，会前要做好部门晨会的流程及内容收集工作，会中协助和注意观察，会后整理材料和做好晨会报告等各项工作。

知识链接

一、部门晨会的含义和特点

部门晨会是在每个工作日内，开始正常工作之前部门内部召开的简短会议。晨会是部门全体员工集合一起、互相问候、交流信息和安排工作的一种管理方式。部门晨会全方位地对每个人、每件事进行清理和控制，以改善员工精神面貌，创建组织学习文化，建立相互检查、监督的考核机制，聚焦公司品牌文化引导行为，提高核心竞争力，是现代企业日常（行政管理）工作中不可缺少的内容。

部门晨会形式活泼、内容丰富，可以很好地激励员工，渲染积极向上的工作氛围。晨会作为企业文化核心内容的一部分，在沟通思想、鼓舞士气等方面起着重要作用。

部门晨会分为一般晨会和主题晨会。一般晨会内容包括公司口号、美好文化操、故事分享、诗歌文章朗诵、互动游戏、脑筋急转弯、智力题、理念一句话等。而主题晨会是依据某个主题召开的晨会，如“尊重”主题晨会、“感恩”主题晨会等。晨会开得生动有趣，同样是一种企业培训，渲染了企业文化氛围。

二、部门晨会的作用

（一）鼓舞士气

激励员工气势，树立良好的工作信心，彰显向上的精神面貌。

（二）宣传公司企业文化

晨会是传播企业文化的媒介，可以培养企业员工良好的习惯及行为观念。通过晨会可以对工作教养、工作伦理及工作习惯加以宣传，不断的宣传和改进必然会有所收获，从而提升整个公司员工的整体素质。

（三）增强组织凝聚力

通过对司歌、司训、口号的不断重复，使公司的核心使命、价值观、愿景目标、行为准则等渗透到每一位员工的灵魂中，增强员工的使命感和责任感，进而增强组织凝聚力；通过轮流主持、相互分享、共同学习，增强每位员工的舞台感，提升员工的信心，增进彼此的了解，增强团队的斗志，促进团队成员的融合，进而增强组织凝聚力。

（四）增强员工活力

通过演讲、发言、唱歌、运动等形式，使员工进入积极、高昂的工作状态，一日之计在于晨；通过交流学习等形式，促进员工提升学习能力、思维能力、表达能力等。

（五）推进工作进展

（1）通过当众设定目标、每日通告工作进度、员工间业务竞赛等形式，增强员工的工作紧迫感，促进工作目标的更快达成。

（2）通过每天的信息动态了解、小知识学习、读书心得分享等形式，激发员工的学习热情，不断提高员工的工作能力及职业素质，间接推动各类工作目标的达成。

（六）提高员工的综合能力

晨会可以提供教导的园地，利用晨会，可以进行新产品、新方法、新工艺的说明，提高员工的技术水平，同时可以进行品质观念的灌输及公司各项政策的宣传。

（七）实施追踪与管理

通过晨会可以实施追踪与管理，可以对产品品质异常进行检讨、分析与矫正，可以对过去工作加以回顾，总结经验、改正缺点。同时通过晨会，可以进行生产安排、市场反应、上级指令的传达，从而使员工更清楚地了解整个公司的方针政策、市场运转情况及自己的工作方向，提升工作效率。

（八）树立主管威信

晨会可以培养部门主管的权威与形象、风范与气质，给主管提供良好的锻炼环境，有利于带动部门气氛及提供良好的沟通机制。

三、部门晨会的成功秘诀

晨会看似是小问题，但如果真正发挥其功能，将带来无穷的好处。当然，晨会如果准备得不好，就达不到它应有的效果。

很多企业的部门晨会不是由班组长主持，而是由经理、总经理主持，这样就失去了它原有的功效。晨会的内容欠具体、程式化，没有丰富灵活的形式，就没有吸引力，进而缺乏说服力。很多部门在晨会之后没有形成晨会报告单，这样就会失去晨会的精华。

晨会成功的秘诀有以下几点：

（一）做好充分准备

事先要精心策划，从晨会的主题、流程、主持人（确定）、所需时间、主要内容等方面提前谋划。同时，要确定主题，以探讨和解决什么问题为重点，围绕主题开好晨会。

（二）注意气氛渲染

到公司后由每天晨会支持者或者公司秘书在会议室播放激情、快乐、积极向上的音乐，开始渲染公司气氛，直至晨会结束，再停止音乐。晨会是很重要的例会，目的是调动员工的工作情绪，明确当天的工作目标。如果会议结束时，每位员工精神饱满，清楚当天的工作目标，晨会的目的就达到了。

（三）优秀的主持人

晨会开得如何，主持人起着决定性的因素。首先，主持人必须有热忱的态度，保持微笑，适时地与员工互动，有让人快乐的能力：要学会“破冰”，拉近与参与者的距离，让人觉得是在做有趣的事；语言形象生动、表述清楚；激发参与热情，适度地赞美；自信感觉好，面对难题表现幽默；有激发他人动机的能力，让人感觉在享受工作。晨会的主持人事先要有所准备，主持晨会的音量要大、态度要好。晨会气氛要轻松，要懂得鼓励员工。懂得对音乐、时间、场面等的掌控。

（四）布置好会场，营造好氛围

晨会现场进行适当的布置，晨会效果就会更好。现场布置如职场标语、口号、制度、团队经营成果上墙，桌椅摆放等。标语、口号和成果上墙应大方醒目，耀眼引人，桌椅摆放应有序适当，使会场有好的气氛。晨会的时间一定要严格控制，最好不要超过20分钟。

（五）晨会六声

即歌声、掌声、笑声、业绩声、激励声、读书声。

四、部门晨会需要注意的几个问题

（1）严格按流程进行，但能够随机应变；程序要紧凑，节奏要明快。

（2）控制时间，不宜过长，避免分散员工的注意力和影响其他工作。

（3）制定完善有关制度，使员工积极参与，正常出勤，不迟到早退。

（4）让员工广泛参与，给每个人提供主持的机会，充分锻炼和展示自己，避免由部分人唱“独角戏”。

（5）注重与大家共同的交流（不个别交流），不在晨会上打击员工，不训话。

（6）员工参加晨会要有一个良好的状态，精神抖擞，士气高昂。

（7）加强追踪，对前期召开的晨会布置的工作要进行追踪，对表现好的给予表扬，对未完成的查找原因，制定措施，确保圆满完成布置的工作。

任务实施过程及知识点

晨会要安排一天的工作、生产，要激励员工以饱满的精神状态去完成这些工作和生产任务。只有经过周密思考的精心准备，晨会才能达到预期的效果，这就要求管理者在晨会前做好准备。文秘人员需要协助管理者组织和策划晨会，在部门晨会中的作用不可小觑。秘书要成功地协助开展部门晨会，必须要做到会前准备、会中观察和会后检查。

一、部门晨会前的准备

（一）确定晨会主持人

由各部门根据部门员工情况按轮流顺序或择优选择，安排主持人顺序。当晨会主持人外出时，由秘书协调通知下任主持人顶替。

（二）确定晨会主题和流程

（1）由各部门根据本部门实际拟定流程，一般由第二日晨会的主持人与部门领导等相关人员商定第二日晨会主题，提前确定第二天晨会的主题及流程，若次日晨会有公司高管参与，则应由该管理人员事先与高管协商后再确定主题。秘书则协助晨会主持人做好晨会策划，确定晨会流程。

一般部门晨会的流程及内容如下：

①问候。

晨会间，相互问好，拉近管理者与员工的距离。整个晨会适宜在以鼓舞为主旋律的氛围中进行。晨会主持人与员工的问候方式也可以是有节奏的鼓掌，这样可以让员工的注意力集中到晨会上来。

②晨操。

一般情况下，天气较好时在室外，员工站成队列做晨操，这样可以改善精神面貌，以高昂的心态迎接一天的工作。跳晨操是为了振奋精神，增强自信和员工凝聚力，也是一种企业文化。它能够激励员工有效率地工作，让员工有自信心，有上进心，积极做好每一天的工作。

③新员工介绍。

每位新员工入职当天参与晨会时，由主持人引导新员工做自我介绍，新员工需将自己的姓名、入职部门、岗位等情况告知大家，以便后期工作上的交流与协作。

④互动分享。

晨会中的互动分享可以让别人感觉到自己的感受，或者向别人述说自己的感受，这样有利于增进员工之间的感情，增进团队默契。经验分享可以让同事学习到身边人成功的经验，让获得赞赏的员工感受到公司对他的重视。通过有趣的晨会，使每位员工都能有的放矢，说得轻松，体验到主人公的角色，达到晨会的效果。

晨会互动分享可选项目：行业新闻分享、财经热点聚焦、员工风采展示、员工经验分享、读书心得分享、每日一句学习及讨论、每日一则（小故事）及讨论、员工内部发生的感动故事、表扬与鞭策、历史上的今天、生日祝福、互动小游戏等。

⑤通知或工作安排。

主持人可以在晨会时安排当天各位员工需要完成的工作，让他们清楚自己每天应该做什么、怎么做、正确的标准是什么等，这诸多问题都需要在晨会上做明确说明。此外，管理者还有必要在晨会上再做重点事项提醒，涉及安全防范、客诉履历、产品生产特殊技巧、自身的经验传承等，如此可起到事半功倍之效。

⑥温馨提示。

播报当天的天气情况或者当地的交通情况等。

⑦士气展示。

喊出公司的口号，这样可以提升员工的精神面貌，以高昂的士气面对一天的工作。

⑧结束晨会。

管理者根据生产计划、工作安排表设定当天的目标后，可以用问答的方式作为晨会的结束，诸如："有没有信心完成任务?"员工则饱含激情地响应："有!"良好的开端是成功的一半，如此总动员式的晨会，使人仿佛看到冲锋号已经吹响，胜利就在眼前。

（2）由主持人去搜集资料，策划主持内容，收集相关信息，准备第二日晨会上的行业笑话或趣事、公司新闻、行业新闻、历史上的今天等内容。一般文秘人员要协助主持人收集相关资料或信息，组织晨会内容，以保证晨会的质量和效果。

（三）确定晨会进行方式

一般晨会方式有室内就座会议、室内队列式会议、室外队列式会议等，这要根据已确定的晨会主题进行选择。秘书要协助整理队伍，原则上站成一排，或男员工一排，女员工一排，整齐划一。

（四）确定晨会场地、时间

（1）晨会现场是人员点到、活动发表、工作指导、生产总结、唤起注意、培训教育、信息交流的场所，一些部门经常选择室外开阔的空地作为晨会进行的场地。

秘书要根据晨会确定的主题和流程以及公司的实际情况，选择适合的晨会场所，确定是室内会议室，还是室外的空地。

（2）每次部门晨会时间控制在20分钟以内，晨会时间一般安排在每天早晨上班后不久，如果公司上班时间是8：30，那么每天8：35就是规定员工集合的时间。时间一旦定下来，就不要轻易改变，最好定期、定时举行。

（五）布置会场、准备所需的设备及物品

（1）布置好会场，可以营造好的氛围。如职场标语、口号、制度、团队经营成果上墙，桌椅摆放等，标语、口号和成果上墙应大方醒目，耀眼引人，桌椅摆放应适当有序，使会场有好的气氛。

（2）一般部门晨会所需的设备是电脑、音响和麦克风，用来播放伴奏音乐及体操音乐。晨会需要提供的材料有考勤表、笔、哨子、新闻素材、当日天气情况、主持人轮班名单、晨会流程表等。

（六）发布晨会通知

晨会召开前一天下班前秘书将晨会的时间、地点、流程通知到部门的每一位员工。

二、部门晨会中的工作

（一）集合员工

秘书人员要提前几分钟召集部门的员工，如果是在室外列队进行晨会，一般安排主持人站在队伍的中间正对面；其他员工站成一排，或者男员工一排，女员工一排；有时则需要按照晨会内容灵活调整，如晨会主持人当日有其他工作安排，秘书人员要及时与其他人协商进行调整。召集完毕之后，晨会的问候方式一般是击掌和大声问候，如主持人大声喊：“同事们，大家早上好!”其他员工呼应：“好，很好，非常好!”全部人再一起击掌。

（二）做好考勤

晨会时，当日主持人例行晨会内容，如会议开始人员未到位，公司不予以催促与提醒，按缺席处理，一周无故缺席两次，公司按行政制度中的“迟到”规定给予对应的处罚，实际执行在每月工资中按照迟到标准罚款体现。

1. 点名

遵循领导在前的依次顺序，记录不在场的员工名字。

2. 签到考勤

根据公司相关的会议制度进行签到考勤。一般来说，会议开始前五分钟签到，由文秘人员负责考勤表或晨会签到表（见表 1－1）登记。会议考勤分为：公假、病假、迟到、早退、事假、旷会；有些公司还会根据缺席情况进行罚款，如病假 20 元，迟到、早退 30 元，事假 40 元，旷会 50 元，累计三次公假相当于一次事假。如没有向部门经理请假，视同无效。

部门晨会考勤是让员工按时参加晨会成为一种习惯，培养员工的时间观念、纪律观念、形象观念；同时维护企业的正常工作秩序，提高办事效率，严肃企业纪律，使员工自觉遵守工作时间和劳动纪律。

表1-1 晨会签到表

月份：________

姓名	1	2	3	4	5	6	7	8	……	24	25	26	27	28	29	30	31	合计	出差	请假
黄鸣荣																				
童　毅																				
孟巨明																				
李晴伟																				
石建良																				
郑毅星																				
平三南																				
陆瑞平																				
……																				

（三）协助主持人掌控晨会过程

1. 检查仪容仪表

对晨会过程主持人的仪容仪表按照执行标准和要求进行检查，并给予适当的建议和意见。

2. 掌控时间

前面提到过，晨会的时间一般控制在20分钟以内。有一些主持人如果没有控制好，秘书就要进行提醒，或者协助晨会主持人按分配好的时间完成会议流程。

3. 控制场面

晨会的气氛一般是轻松活泼的。秘书一开始可以通过播放提神的音乐使员工精神振奋起来，会议过程中可以带头引导员工对主持人的话语给予适当的回应。

4. 监督过程

公司的行政秘书一般要负责全权监督、指导公司各部门的晨会执行情况并对执行程序及时予以纠正、评价。

5. 记录晨会过程

秘书在晨会进行中，可以适当地拍照和录音，把晨会中一些精彩的瞬间记录下来。

（四）晨会记录

为了方便行政人员月末总结考评，一般由当日主持人填写晨会策划及记录表（见表1－2），由秘书人员协助完善，形成企业成长的历史素材和企业文化建设的珍贵史料。

表1－2　晨会策划及记录表

日期		主持人		主题	
参与者	☐ ☐				
公司新闻 行业新闻					
工作进展					
学习环节					
领导讲话/工作安排					
经验或亮点					
不足或发现的问题					
协办意见					

三、部门晨会后的工作

秘书在晨会之后要对晨会的策划、流程、晨会记录、晨会录音或者相片等资料进行整理，保存归档。除此之外，还要做以下几项工作：

（一）形成晨会报告单

要形成晨会报告单（见表1－3），这是晨会成败的关键所在，它可以使日后的晨会有准备、有步骤地进行，从而达到晨会的目的。没有晨会报告单，就可能失去晨会的精华部分。

由当日主持人与办公室成员共同总结经验，将经验分享给下一次晨会的主持人，以期不断提高晨会的组织工作水平。

表1-3　晨会报告单

部门		小组		日期		时间	
早会内容： 1. 2. 3. 4.							
需要协调追踪的事项： 1. 2. 3. 4.							
备注：							

报告人：　　　　　　　　　　　　　主管审核：

（二）对晨会主持人进行考核

行政秘书在晨会分享结束后，让参加晨会的同事以不记名的方式填写晨会主持人评分卡（见表1-4），本着绝对的公平、公正、公开的原则，根据部门晨会执行过程中主持人的表现给予相应的评价，给每月部门考核和员工的个人绩效考核提供凭证；并对晨会主持人进行评分，之后由人力资源部门进行统分、排名，计入优秀主持人评选中。

表1-4　晨会主持人评分标准及评分卡

晨会评分标准		
项目	评分标准内容	分值
气质形象	衣着、发型、站姿、笑容、感染力、声音饱满、精神状态	10分
内容价值	帮助价值、贴切实际、大众所盼、可操作性、观点鲜明 （该次晨会的总体价值，因此主持人需主动引导发言者做有价值的分享）	30分
听众反应	积极回应、拍手欢呼、配合积极、气氛热烈、轻松愉快	20分
推崇引荐	挖掘优点、推崇嘉宾（发言者）、推崇内容、制造悬念	10分
独特风格	创新、激情、亲和力、冲击力、幽默诙谐、记忆犹新	10分
时间控制 8：20—8：39	超时1~3分钟扣1分，4~6分钟扣2分，7~9分钟扣3分，10分钟以上为0分 提前1~3分钟不扣分，4~6分钟扣1分，7~9分钟扣2分，10分钟以上为0分	10分
晨会记录	抓住重点、信息完整、版面整洁、格式整齐、无错别字、按时上交 （当天未上交的记0分）	10分

（续上表）

晨会评分卡									
周期	主持人	气质形象 10 分	内容价值 30 分	听众反应 20 分	推崇引荐 10 分	独特风格 10 分	时间控制 10 分	晨会记录 10 分	评分合计
1									
2									
3									
4									
备注	评分表在当日 16：00 前由各部门统一交至行政部门，以方便打分。								

评分方法：
1. 每次晨会结束后立即给当天主持人打分，自己不给自己打分，评分人也可匿名。
2. 满分 100 分，前面的 90 分由大众打分，最后的“晨会记录”仅由人力行政专员打分。最小单位 0.5 分。
3. 每月最后一次晨会后将评分表格上交到人力行政部，由人力行政人员将数据录到晨会评分统计表，并统计出最终结果。
4. 每位主持人最终得分 = 大众评分合计总和/评分人数 + 晨会记录分数，当月得分最高者为月度晨会主持明星。
5. 当月晨会主持明星将主持次月的月度大会。

（三）检查监督

对客服类的晨会，应检查监督其晨会工作日志的记录情况。

相关范例样本

一、部门晨会通知范例

关于公司××部门召开晨会的通知

××部门各位同事：

为了更好地调整工作状态，彰显良好的精神面貌，提升团队素质，提高全员参与性和执行力，我部门决定从下月起召开部门晨会。

一、晨会时间：周一早晨 8：35—8：50。

二、晨会地点：大办公区后半部分空地。

三、晨会形式：列队式、全员轮流召集主持。

四、晨会内容：晨会主题相关内容。

五、晨会流程：

1. 问候。

2. 晨操。

3. 经验分享。

4. 部署任务，如有公司领导在场，请公司领导点评或讲话。

5. 喊口号。

6. 主持人宣布散会。

六、晨会要求：

1. 召集及主持人：提前1分钟开始召集，主持人站于队伍的中间正对面；如主持人当日有其他工作安排可与其他人协商进行调整。

2. 参会人员：主动准时到达开会地点，参会人员站成一排面向主持人。提前准备各自发言内容。需要发言时，站在主持人旁侧，发言结束后回到原位。无特殊情况，不得请假。

3. 会议期间，手机请关闭或静音。

附：近期晨会召集及主持人排序（略）。

××部门办公室
2016年4月20日

二、部门晨会流程范例

××公司××部门晨会流程

7：40　确定音乐准备情况，确保乐曲、设备完好无误。

7：55　晨会参与者30秒内集合完毕。主持人问候大家，宣布晨会开始（约30秒）。

7：56　问好。

主持人：各位同事，早上好！（1分钟气氛带动：内容为问候、激励的话语）

同事们：好！很好！非常好！

7：57　宣读宣言、公司口号。

8：00　行业报道、公司喜讯。

公司或行业新闻（约2分钟）。

备选项目：

财经热点聚焦（约2分钟）。

员工经验分享（约2分钟）。

8：03　专题分享（约5分钟）。

备选项目：

每周一书读书心得分享（约3分钟）。
每日一则（小故事）及讨论（约3分钟）。
员工内部发生的感动故事（约2分钟）。
表扬与鞭策（约2分钟）。
历史上的今天（约1分钟）。
生日祝福（约1分钟）。
其他。

8：08　政令宣导（各科室相关事宜通报、领导发言）（约2分钟）。
备选项目：领导勉励。

8：10　晨会结束。主持人做简单总结，宣布晨会结束，大家开始正常工作（约2分钟）。

三、部门晨会记录范例

××公司××部门晨会记录

一、执行日期

2016年3月21日。

二、晨会时间

1. 时长：20分钟。
2. 时段：08：20—08：40。

三、地点

本部门工作范围内的场地。

四、晨会内容

1. 列队。
2. 问候。

主持人说：各位亲爱的伙伴，大家早上好！全体伙伴说：好，很好，非常好！YEAH！（握拳）。

3. 启语。

主持人说：今天是3月21日，星期一，很高兴由我为大家主持今天的晨会，谢谢大家！

全体伙伴：鼓励掌声（掌声频率××、×××；重复3遍）。

4. 检查仪容仪表。

主持人说：新的一天开始了，端庄的容貌和规范的着装是一天工作的开始，下面进行仪容仪表的检查，让我们将友爱的目光投向对面伙伴的身上。

全体伙伴：面带笑容看着对面的伙伴。

主持人说：对面的伙伴着装是否符合公司规定？

全体伙伴说：是！

主持人说：对面的女生是否化淡妆？

全体伙伴说：是！

主持人说：对面的伙伴皮鞋擦得亮不亮？

全体伙伴说：亮！

主持人说：对面的伙伴有没有灿烂的笑容？

全体伙伴说：有！

主持人说：有没有露出8颗可爱的牙齿？

全体伙伴说：有！

5. 互相鼓励。

主持人说：全体伙伴请向前一步握住对面伙伴的手，大声地告诉他：你真的很优秀！你真的很棒！我一定支持你！

全体伙伴：向前一步迈出左脚，与对面伙伴的左脚相错10厘米左右，前腿弓步，后腿直。大声说：你真的很优秀！你真的很棒！我一定支持你！说完后互相拥抱3秒钟分开，分开后恢复跨列姿势。

6. 诵读企业文化口号。

主持人念一句，全体伙伴重复一遍。

7. 重大、重要工作汇报。

主持人说：下面环节为重要工作分享、汇报，请问各位伙伴有无分享内容？

汇报同事1：有！

主持人说：掌声有请！

所有同事：鼓励掌声（掌声频率××、×××；重复3遍）。

汇报同事1：（内容：汇报前一天的业绩金额和完成率；汇报本部门工作中的重大、重要或者遇到困难需要沟通的事宜）。

主持人说：掌声欢送，有无其他同事汇报？

汇报同事2：有！

……

8. 结尾。

主持人说：好的，各位伙伴，让我们以实际行动来结束今天的晨会，我们的行动宣言：保证完成任务，绝不找借口，行动，行动，立刻行动！

全体伙伴说：保证完成任务，绝不找借口，行动，行动，立刻行动！

主持人说：各位伙伴，立正，稍息；今天的心情——

全体伙伴说：好极了！

主持人说：今天的沟通——

全体伙伴说：棒极了！

主持人说：今天的目标——

全体伙伴说：一定实现！

主持人说：今天的晨会到此结束！谢谢大家！

全体伙伴：鼓励掌声（掌声频率××、×××；重复3遍）。

检查人员：总经办×××。

四、部门晨会口号集锦

（一）办公室类

没有措施的管理是空谈，没有计划的工作是空洞

以一流品质获取市场信任，以优质服务赢得客户满意，以持续改进寻求企业发展，以卓越管理树立企业品牌

提高售后服务质量，提升客户满意程度

有一分耕耘，就有一分收获

投入多一点，方法好一点，绩效自然高一点

强化竞争意识，营造团队精神

客户想到的我们要做到，客户没有想到的我们也要做到

重视合同，确保质量；准时交付，严守承诺

只有勇于承担责任，才能承担更大的责任

创新是根本，质量是生命，务实是宗旨，效益是目标

产业竞争靠产品，产品竞争靠品质

追求品质卓越，尽显企业精华

（二）服务类

回馈客户，从我做起，心中有情，客户有心

情真意切，深耕市场，全力以赴，掌声响起

服务客户，播种金钱，增加信任，稳定续收

客户满意，人脉延伸，良性循环，回报一生

（三）技巧习惯类

技巧提升，业绩攀升，持之以恒，业绩骄人

快乐工作，心中有梦，齐心协力，再振雄风

一马当先，全员举绩，梅开二度，业绩保底

三心二意，扬鞭奋蹄，四面出击，勇争第一

主动出击，抢得先机，活动有序，提高效率

业务规划，重在管理，坚持不懈，永葆佳绩

目标明确，坚定不移，天道酬勤，永续经营

经营客户，加大回访，用心专业，客户至上
今天付出，明天收获，全力以赴，事业辉煌
因为自信，所以成功
相信自己，相信伙伴
一鼓作气，挑战佳绩
永不言退，我们是最好的团队
成功绝不容易，还要加倍努力

（四）市场类

顾客是我们的上帝，品质是上帝的需求
提高售后服务质量，提升客户满意程度
自信、诚信、用心、创新
市场是企业的方向，质量是企业的生命
提高售后服务质量，提升客户满意程度
抱怨事件速处理，客户满意又欢喜
客户想到的我们要做到，客户没有想到的我们也要做到
重视合同，确保质量；准时交付，严守承诺
产品的品牌就是品质的象征

（五）销售团队类

失败铺垫成功之路
团结一心，其利断金
团结一致，再创佳绩
忠诚合作、积极乐观、努力开拓、勇往直前
因为有缘我们相聚，成功要靠大家努力
失败与挫折只是暂时的，成功已不会太遥远

（六）生产类

质量在我手中，顾客在我心中
事情无论大小，要干就干最好
累计点滴改进，迈向完美品质
制造须靠低成本，竞争依赖高品质
质量是企业的生命
健康的企业要靠全体员工来维护
老毛病、要根治；小问题、要重视
以人为本，锐意进取，追求卓越

品质——企业未来的决战场和永恒的主题
行动是成功的开始，等待是失败的源泉
树立企业安全形象，促进安全文明生产
企业效益最重要，防火安全第一条
生产再忙，安全不忘；人命关天，安全为先

五、部门晨会游戏范例

晨会游戏一：训练幽默乐观的游戏

情绪有正性与负性之分。有些正性情绪如兴奋、乐观、幽默等，可以激发人的创造力，而许多负性情绪如痛苦、焦虑、恐惧等，则会阻碍人的创造力的发挥。我们每个人都可能因成功或失败而导致情绪波动。下面这个游戏可以让你体验情绪在问题解决中的强大作用，更可以训练你的幽默和乐观的情绪。

这个游戏要求你和伙伴们一同参与，而且要求你偏离你一贯的社会行为。游戏的内容是要你模仿动物园里动物的叫声。

下面的表格决定你要学的动物是什么：

你姓氏汉语拼音的第一个字母	动物名称
A～F	狮子
G～L	海豹
M～R	猩猩
S～Z	热带鸟类

现在选择一个伙伴（最好挑一位不太熟悉的人作为伙伴）。彼此盯着看，目光不能转移，同时用嘴大声学动物叫，至少10秒钟。

点评：在这个简单的游戏中，你的感觉如何？你是否感到既幽默有趣又有些尴尬？这个游戏尽管开始时会感到不舒服，但结束时可能笑声满堂。也许不管你模仿的动物是什么，最后你的表现都是“傻驴”一头。

你是否注意到好玩和幽默的情绪会有助于你在这个游戏中创造性的发挥，可能会使你灵机一动，模仿出种种出人意料的叫声，获得满堂喝彩，或者逗得大家捧腹大笑？而在游戏中，感到尴尬的心理却会使你羞于开口？假如你有幽默感，模仿动物叫就更容易开口。

正性乐观的情绪是创造力的催化剂。因此，在最困难的时候，不要忘记幽默可以使你保持乐观。

晨会游戏二：法柜奇兵

时间：30～60分钟。

人数：不限，人数较多时，需要将队员划分成若干个由10～16个人组成的小组。

道具：（每个小组）①1根约6米长的绳子；②选取两棵相距约5米、直径在15厘米左右的树；③选项：装饰用的橡胶大蜘蛛。

概述：这是一个可以用来创建团队的游戏。这个游戏要求小组中的每一个成员都积极参与。

目的：

（1）让所有成员都积极参与，共同迎接挑战。

（2）建立小组成员间的相互信任。

（3）让队员们能够自然地进行身体接触和配合，消除害羞和忸怩的心理。

准备：在选好的两棵大树之间拉一根绳子，绳子距地面1.5米左右。注意要把绳子拉紧。如果准备了橡胶大蜘蛛的话，把它吊在绳子中间，用以烘托游戏气氛。

步骤：

（1）致游戏开场白，开场白示例如下：看过《法柜奇兵》这部电影的人一定会记得其中"魔窟历险"这场戏，魔窟中遍布绊网，一旦有人不小心碰到了绊网，毒箭就会从四面八方射出来。这里我们要进行一次类似的冒险。请把系在两树之间的绳子想象成魔窟中的绊网，你们整个小组都要从绳子上面过去，而且绝对不能碰到绳子。如果有人碰到了绳子，整个小组都会被毒箭射死。重申一下，游戏成功的条件是从绳子上面过去，而且不能碰绳子。祝你们好运！

（2）如果有人在游戏过程中碰到了绳子，整个小组都必须重新开始。

讨论问题示例：

（1）各个小组的战况如何？

（2）你们在游戏过程中碰到了什么问题？怎样分析问题的？

（3）每个人的任务是什么？

（4）整个小组的运作是否有效？为什么？

（5）你们遇到了什么困难？是如何克服这些困难的？

（6）哪些因素有助于成功地完成游戏？

注意观察每个队员的举动，同时仔细倾听。如果不加以限制的话，队员们可能会尝试各种方法，完全忘掉安全问题。游戏小组最容易想出的办法是跳高法，即助跑后从绳子上跳过去，但是，本游戏不允许采用这种方法。当然，不要生硬地禁止该方法，你可以这样说：由于有人不小心中了机关，现在地面变得非常粘，任何人都不可能跑动。

变通：如果需要加大游戏的难度，可以把一两名队员的眼睛蒙起来。

思考与练习

一、问答题

1. 部门晨会的目的是什么?

2. 部门晨会的内容有哪些?

3. 部门晨会需做好哪些准备工作?

二、实训题

静海公司销售部每周一和周三上午8：00召开部门晨会，下周一的部门晨会轮到南区高级销售代表刘玲主持，部门经理让秘书小邱协助刘玲组织此次部门晨会，刘玲设计此次晨会主题为“团队合作”，内容是问候、晨操、游戏、布置任务、结束口号。假如你是秘书小邱，请你协助刘玲完成此次部门晨会的策划，拟写一份晨会流程。

三、案例分析题

1. 某银行为了提升晨会的激励和鼓舞士气的效果，行长秘书小罗在晨会培训上征集了生日惊喜、突击表扬、说说“贡献”、“今天我是客户”分享会、对抗演练、团队竞争等30多个精选的晨会创意供各分行分享借鉴。请你对秘书小罗的做法予以评价。

2. 秘书小陈认为部门晨会就是部门领导在早上上班伊始对部门员工进行整顿，布置任务，传达公司方针、政策的工具，所以，组织晨会时应以部门领导讲话、员工聆听为主。小陈的想法对吗?为什么?

任务2 经理例会

案例启示

某电器有限公司的李总注意到在刚刚过去的一个月中，广告的投放量、广告质量和销售量都明显下降了，营销费用却没有减少，于是召集副总经理和部门经理开会讨论，希望能从中找到根本原因。然而会议开始后，生产部门的黄经理提出销售量的减少是因为销售渠道有问题，但市场销售部的李经理反驳说现在的销售渠道没有问题，有问题的是产品本身。于是与会者分为两派，在会议上激烈地争论起来。李总自己觉得似乎是产品有问题，但是会议已经失去了控制，最后会议毫无结果。

提问：(1) 为什么这次经理例会会失去控制，最终毫无结果?

(2) 李总应如何组织一次经理例会?

分析：经理例会在召开之前，要明确会议的原因和目标，虽然大的原因是销售量的减少，但与其联系的目的是找到广告情况、销售费用与销售量升降之间的可能关系。销售渠道或产品问题不应成为会议的目的，更不应成为会议的主题。黄经理对会议原因和目的的不明确导致了会议最后的失控。

任务引入

任务背景：3 月初，美颜酒业有限公司将例行召开一次部门经理会议。此次例会由公司总经理主持，会上将讨论由各部门负责人提交上来的有关公司生产经营管理方面的议题。

林路作为美颜酒业有限公司行政秘书，需要做好此次经理例会的组织工作。

任务 1：进行经理例会的准备工作。

任务 2：做好经理例会的会中工作。

任务 3：经理例会结束时，做好会后的工作。

任务分析

经理例会是公司经理们研究经营管理中重大事项的会议，也是公司内部决策层召开的会议。会议规模一般不大，少则几个人，多也不过十来人。时间不长，一般开半天，所以准备工作不是很复杂。经理例会包括会前的准备工作、会中工作、会后工作。在会议前，我们必须了解例会时间的选择、收集议题、会议室的确定、通知与会人员、准备资料等相关知识；会议开始时，秘书要提前到达，做好会议室的准备工作，会中要做好会议记录；例会结束后，秘书人员要及时清理会议室，撰写会议纪要以及检查、督促会议决定的贯彻情况。

知识链接

一、经理例会的含义

例会是依据约定的惯例每隔一定期限举行一次的会议。经理例会是指由本企业的经理们参加，研究经营管理中重大事项的办公会议，主要落实董事会议已确定的企业目标和方针，并通过具体的经营管理活动体现出来，经理会议受董事会的控制，在不违背董事会所确定的目标和原则的前提下，有权决定和处理企业管理经营活动中所遇到的一切问题。这类会议是例行的，通常每月一次或每周一次，与会者和会议地点都相对固定。

经理会议的成员由总经理、副总经理、总经理助理、董事会秘书、部门经理和办公室主任组成。在总经理认为有必要的情况下，可以要求部门经理以下级别人员参加，听取他们的意见。部门经理不得无故缺席经理例会，由于特殊原因无法参加时，必须由部门经理提前指定熟悉本部门事务的代表人员参加，指定人员必须上报管理部门备案。

会议一般由总经理召集并主持召开，总经理因故不能出席，可指定代理者，由其代理者召集并主持会议。其他会议成员可以通过书面或口头的形式，说明理由，申请并获取会议召集和主持权。在这种情况下，召集和主持权获得者，必须尽早召集会议。

二、经理例会的内容

会议内容有以下几点：

（1）对上周或者上个月的工作进行总结，介绍工作的完成情况及进度。

（2）本周工作中存在的问题、问题分析及改善措施（要求每人必须提出至少两个）。

（3）所属工作有进展难度时，提出帮助请求，并集体讨论解决。

（4）其他临时性工作的完成情况说明。

（5）本周或本月工作部署及安排。

（6）协调各部门工作进度，使各项生产、经营活动按照预期目标有序进行。

（7）年度、月度工作目标的工作进度汇报。

（8）对涉及部门较多、对公司整体有较大影响的问题集体探讨。

三、经理例会的作用

经理例会可以实现有效管理，促进公司上下的沟通与合作。具体来说，经理例会主要有以下几个作用：

（1）对完成有困难的工作集体协商，并寻找解决办法，不能达成共识时，上报总经理办公会请总经理裁决。

（2）可以集思广益，提出改进性的工作方案，对涉及部门较多、对公司整体有较大影响的问题集体探讨。

（3）可以提高公司各部门执行工作目标的效率，追踪并改进日常管理工作，追踪各部门工作进度。

（4）可以协调各部门的工作方法、工作进度、人员及设备的调配，使各项经营活动按照预期目标有序进行。

（5）对工作中出现的问题及时跟踪改进，对工作中的失误找出原因并及时改正、总结。

（6）探讨公司经营活动的最佳方案，并对各阶段经营业绩及时总结，以实现整体经营目标。

四、经理例会时间的选择

部门经理会议分两种，一是例会，二是临时会议。例会在一个固定时间内召开，如果例会日适逢节假日，或遇不测事件不能如期召开，则改定在适宜的日子召开。临时会议由总经理认为必要的时候召开。

经理例会时间的确定非常重要，因为例会的时间一旦确定下来，通常情况下都会长期不变地执行下去。所以，一旦会议时间安排不合理，对会议的不良影响将会持续很长的一段时间。秘书一定要为总经理选择正确的时间召开经理例会。一般来说，选择例会时间有如下规则：

(1) 周二至周四是安排例会最合适的时间。周一和周五不适合安排例会，这是由于周一刚结束上周的假日，周五紧贴本周的假日，与会者很容易受假日活动的影响，不容易集中精力。

(2) 上午8：00—11：00或下午2：00—4：00是安排例会比较合适的时间段。这些时间段里人的精神状态最好，也容易提高注意力，会议的效率也最高。而午饭后的时间是公认的任何人都容易懈怠的时间段，这个时间段开会效率最低，不适合安排例会。

在实际工作中，大部分公司都把例会安排在星期二上午进行。

任务实施过程及知识点

一、经理例会前的准备

在与经理例会有关的会务工作当中，秘书人员应忠实履行职责，努力做到有条不紊、万无一失。首先要按照会议主持人就本次例会内容的授意为会议准备有关的文件、资料和报表等，并就有关情况和数字做出最后的核实，以保证其准确无误。如需打印、复印时，需按照主持人的要求一一实施。

（一）收集议题

经理例会其最主要的内容是准备会议的议题，其意义在于提高例会的效率，以免出现议而不决的情况。因此，秘书应事先对议题进行收集。

1. 发放议题表

例会召开的前三天，秘书应将空白的议题表（见表1－5）发给部门经理们，给各经理一个准备议题的缓冲时间。空白议题表应该一事一表。一张表上只填一个议题，这样便于秘书筛选议题。如果有部门经理在外出差，也应该通过电子邮件或者电话与其联系，由秘书替他填写。不能因为经理不在就不收集他的议题。

表1－5　经理例会议题表

时间：　　　年　　月　　日

一、议题内容
二、为讨论议题准备的方案及文件资料（可附在本表后）
三、列席会议人员

2. 筛选议题

筛选议题是为了让例会在有限的时间内讨论最需要讨论的问题，确保会议的效率和质量。

例会召开的前一天，秘书应根据议题筛选原则将收上来的议题表进行筛选。一般来说，可以进入经理例会的议题主要有以下六点：

（1）方针与计划的制订。

①经营上重要的方针与计划。

②经营计划与经营方针的实施方案要点和对策。

③总经理认为有必要审议的其他事项。

（2）机构与制度事项。

①业务组织机构与业务规定、规程的制定、修改与废除。

②与子公司的业务关系、财务关系和人事关系的决策事项。

③各部门在业务上重要的报告、请示与联络事项。

④总经理认为有必要审议的其他事项。

（3）财务事项。

①10 万元以上固定资产（无形资产）的获取、处理、租赁、借贷以及重要的改造事项。

②金额在 100 万元以上的长期资金（两年以上）的借入以及债务保证事项。

③金额在 30 万元以上的短期资金借入以及债务保证事项。

④对一方进行 20 万元以上的投资事项。

⑤对一方进行 20 万元以上的贷款事项。

⑥融资与集资事项。

⑦重要的对外担保事项。

⑧美元 1 万、日元 100 万的外币买卖事项。

⑨不良债权的处置事项。

（4）项目经营事项。

①重要的项目经营机会与风险事项。

②项目决策事项。

③项目的实施与监控事项。

④大宗交易事项；价值 30 万元以上的索赔事项。

⑤重要交易关系的建立与解除事项。

⑥销售渠道的选择事项。

⑦销售策略的选择事项。

⑧价格的决定、修改事项。

⑨总经理认为有必要审议的其他事项。

（5）办公事务事项。

①重要的人事任免、调动和赏罚事项。

②干部职工的晋升、提薪、奖金、津贴以及考核评价事项。

③人事招聘、录用事项。

④专家顾问的外聘事项。

⑤金额10万元以上的赔偿事项。

⑥金额5万元以上的办公事务开支事项。

⑦金额5万元以上的聘金、会费、交际费开支事项。

⑧金额3万元以上的招待接待费、差旅费开支事项。

⑨重要的涉外、公关事项。

⑩契约与诉讼事项。

⑪总经理认为有必要审议的其他事项。

（6）本规定以外的事项，除总经理认为有必要提交部门经理审议，决策权限归总经理所有。

筛选议题时间不宜太长，一般是半天或者一天，所以准备工作并不会太复杂。其最主要的内容是准备会议的议题。

一次会议议题不能过多或过少，一般以安排一至二个重要议题和一两个小议题为宜。

筛选议题最后的决定权在例会的主持人。当秘书将议题筛选完毕后，应交由上司签署意见，再将议题表退还给填写人。

3. 议题排序

秘书将筛选出来的进入例会讨论的议题按重要程度予以排序，然后交由例会主持人签字。

（二）准备会议室

1. 检查会议室准备情况

例会的会议室是相对固定的。一般选择在公司比较靠里面、设备也比较齐全的小型会议室。在开例会的前一天下午秘书要检查会议室的情况，如室内清洁、调温设备、茶具、饮水机等，具体工作如下：

（1）检查室内的光线、室温、通风和卫生情况，以使与会者在此开会时有个舒服的环境。

（2）检查为与会者所准备的必要的文具用品是否齐备并摆放得当，如铅笔、便笺、记录本等。

（3）检查会议所需使用的一些视听设备（如录音、幻灯、摄影器材等）的摆放位置是否得当，调试好各项要使用的设备，检查电子文件拷贝是否已准备充分、完好，电源是否可随时接通，如有不妥，应通知有关人员迅速解决。

（4）检查为与会人员提供的饮料和用具是否已准备好，并对是否符合卫生要求予以最后确认。

（5）对提供现场服务的服务人员进行必要的叮嘱，如传呼电话的方式和杜绝外来人员打扰等。

由于经理例会属于内部例行会议，会议的时间、地点、参加人员和秘书人员在其中所应承担的工作都相对固定并形成惯例。

2. 例会会议室的座位安排

例会会议室的座位安排一般情况下都是以经理们自己的习惯位置就座，秘书可不做刻意安排。但是会议室的布置却需要秘书动心思。下图是一个公司用于例会的会议室参考图样：

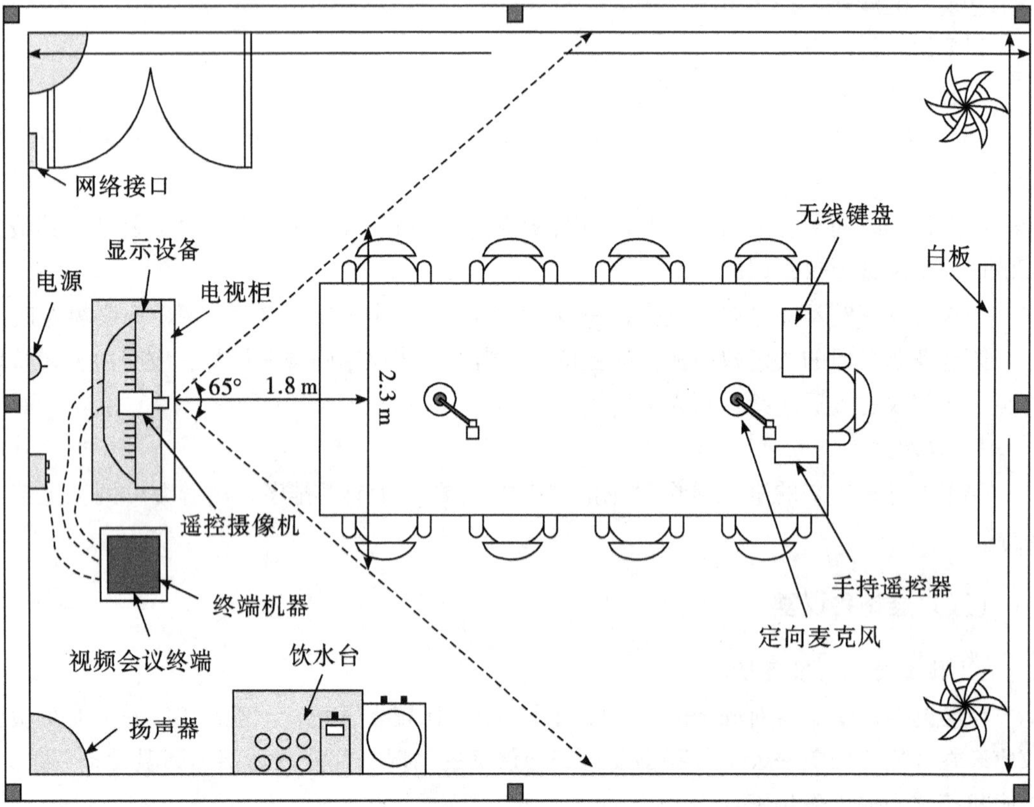

经理例会会议室布置示例

（三）通知与会人员

一般来说，经理例会的时间和人员都是相对固定的，但是秘书不能因为时间和人员都固定就省去通知这一环节。因为部门经理平时事务多，可能会忘记例会时间；另外经理例会常常要请一些职能部门的人员来参加，这些人的到会也需要秘书通知。

例会发送会议通知的方法：

（1）口头通知。口头通知即当面或电话通知。

（2）书面通知。书面通知即书面印制的通知或板报、网络上发布的通知。

经理例会一般采用书面通知和口头通知相结合的方式。秘书应提前一天将会议通知、会议议题及有关材料送达参加会议成员。

秘书还需要通过电话向承担经理例会具体事务的办事人员及服务人员询问有关会议准备工作进行的情况，并设法与被通知出席会议的人员取得联系，对其能否按时参加会议予以确认。对不能参加或不能按时参加会议的人员的有关情况，应及时向会议主持人报告，并就其原因予以说明。如能够参加会议者尚不够法定人数，会议可适当改期，这样不至于临时因人数不够，而延误了对一些特别重要的问题的表决。

（四）准备会议需要的文件资料和物品

1. 文件资料准备

例会讨论议题时，通常要用到一些文件资料（如会议议程议题、提案、汇报材料、计划草案、决议决定草案、与会人应提交资料等），秘书要在确定议题之后将需要的文件资料准备好。

2. 例会物品准备

（1）必备的会议用品。

一般情况下，经理例会需要准备的物品相对简单，有以下几种：

①文具用品。如纸、笔、记录本等。

②桌椅。

③茶具。如暖水瓶、保温桶、水杯、茶、饮料等。

④扩音设备、照明设备、通风及空调设备等。

（2）会议的特殊用品。

根据不同议题需求，经理例会有时也需要补充一些特殊的会议用品。例如，有选举议题时需要准备好投票箱、选票或者是电子投票设备等物品；表彰议题需要准备好奖品或证书；汇报或咨询性议题应准备好幻灯机、投影仪、摄像机等设备。

二、经理例会中的工作

（一）提前到达

开例会的当天，秘书要提前10分钟到达会议室做好会前准备：开窗通风，调好室内温度，打开饮水机，摆放好茶杯和茶叶。

（二）做好签到工作

表 1－6　例会签到表

例会签到表

______年____月第____周

会议时间：____________________　　会议地点：____________________

主持人签字：____________________

姓名	签到时间	姓名	签到时间

请假人员：____

应到：______人　实到：______人　请假：______人　缺席：______人

（三）会场服务

会场服务包括分发资料、领位、维护现场秩序、处理突发状况等。

在会议进行过程中，如果秘书人员被安排做会议记录，那就应聚精会神地做记录。如果没有被安排做会议记录等具体工作，那么，秘书人员就应在会议室的最后一排并选择靠近门口的位置就座，或坐在会议室旁边的小传达室里。

在这种情况下，秘书人员的责任就是接传电话，应对一些计划外的造访和办理会议主持人根据会议正在进行的内容而临时交办的事情等。

在会议进行的时候，不是特别的电话一律不传呼，一般的电话秘书人员可帮助记录下来，在会议中间休息的时候，把电话记录递给当事人即可，只有当内容比较紧急的情况下，才立即通知当事人。如果会场比较大，可轻轻走到会场中间，把当事人叫出来接电话，绝对不可采取在会议室门口高声呼叫的做法。

（四）做好会议记录

经理例会是公司最重要的会议之一，因此必须有记录。记录工作一般由秘书承担。

1. 例会记录的准备

做会议记录首先要准备记录本，记录本可以用活页的，便于取出存档。记录用笔可以用签字笔、碳素墨水笔，但最好的记录用笔是铅笔，铅笔记录便于记录后的整理。但铅笔易磨损，所以开会前要多准备一些。例会一般不允许录音，所以秘书要掌握一些快速记录的方法，才能更好地完成记录的任务。在开始会议讨论前几分钟，秘书要在记录本上将本次会议的基本情况先行记录下来：如本次例会是第几次例会、会议召开的日期与时间、会议地点、会议的主持人、与会者姓名、会议记录人、会议的主要议题等。不要等到经理们开始发言才写，这样会影响会议发言的记录。

2. 根据例会记录的格式拟写例会记录

（1）例会记录的基本格式。

公司例会的记录是秘书的一件常规工作。例会记录不是写作，文字不能由记录者自行组织，只能照实记录。但记录还是有一定的格式，秘书应该掌握记录的格式。规范的格式会使记录显得条理清晰，便于阅读，而且例会的原始记录是公司管理方面的重要资料，因而要归档，规范的格式也便于归档和查阅。

（2）会议记录的内容。

会议记录应该包括下面的内容：

第一项是会议描述，包括会议的日期与时间、会议地点；第二项是参加会议人员名单，要将姓名与职务写出来，包括会议主持人、与会者、会议记录人员；第三项是缺席者的姓名及请假的说明；第四项将本次会议要讨论的议题按讨论先后的排序记入记录本中，便于下面正式讨论时记录；第五项是会议过程的记录，秘书宣读上次会议记录的内容，获得会议通过；第六项是会议讨论本次议题的原始情况。最后由记录员和主持人分别签名，结束会议。

表1-7 经理例会记录格式

×××公司第×次经理例会记录
会议时间：××年×月×日×时×分。 会议地点：公司第×会议室。 会议主持人：×××总经理。 会议参加人：×××总经理，×××副总经理，×××副总经理…… 会议缺席情况：×××（附缺席情况说明）。 会议记录：×××秘书。 本次会议议题有：一、……二、……三、…… 会议过程： 1. ×××秘书宣读上次会议记录，并在宣读后获得通过。 2. 本次会议情况记录： （1）对第一议题的讨论情况： ×××总经理发言：…… ×××副总经理发言：…… …… 第一议题的讨论结果：……

（续上表）

（2）第二议题的讨论情况： ×××总经理发言：…… ×××副总经理发言：…… …… 第二议题的讨论结果：…… …… 本次会议于×时×分结束。 会议记录：×××秘书（签名）　　会议主持人：×××总经理（签名）

经理例会会议记录应在一天内整理完毕，送交会议主持人核阅，核阅后应复印分发各出席人一份，传阅各出席人，并要求阅者签字为据。该份记录最后传回会议主持人，作为下一次会议的重要资料。

三、经理例会后的工作

经理例会开过之后，秘书要完成以下四项工作：

（一）撰写会议纪要

会议纪要是公司的重要文件，主要用来备忘已研究决定的事项，例会结束后，为了把主要的会议内容和决定上报或传达到员工，秘书往往需要撰写会议纪要。但不是每一次的例会都需要写，这得看会议主持人的要求。秘书应根据会议的内容在限定时间内完成纪要和决议的整理工作。

会议纪要应在一天内整理完毕，发布前行政部应填写会议纪要发布审批单（见表1－8），审批单内容包括纪要编号、发布范围、主管领导（或主持会议的领导）审批意见。行政部要将会议纪要发至参加会议的全体人员，以便对照核查会议决议的落实情况。由与会的公司领导班子成员签字确认。核阅后复印分发出席人每人一份，并以出席者签字为据。

表1－8 会议纪要发布审批单

年 月 日

报批部门		报批人	
纪要起草部门		起草时间	
会议纪要 主题内容			
发文编号		发文时间	
审批意见	签名： 年 月 日		

（二）会议文件的保管

经理例会是企业、公司内部的重要会议组织形式之一，是公司中层领导们研究经营管理中重大事项的会议，也是公司决策层召开的会议。因此，会议过程中形成的会议记录，还有会议后整理发文的会议纪要，都反映了本公司的主要职能活动，对日后工作有参考作用和凭证价值，所以秘书要整理好，以备日后的归档管理。

（三）检查、督促例会决定的贯彻情况

例会做出的决定和安排的工作任务，不一定完全能按要求完成，因此，会议结束后，秘书要根据例会对工作任务的时间要求去检查和督促相关部门的工作。对会议决议实施情况进行调查，如完成会议纪要表（见表1－9）的填写，及时向总经理报告。

表1－9　会议纪要表

编号：

会议主题					
会议主席				会议主持	
会议记录人		核准		页数	
列席人员名单					
出席人员名单					
会议决议内容					
序号	决议事项	负责人	决议提出人	完成时间	

（四）清理会议室，为下一次会议做好准备

每次会议结束之后，秘书要立即安排相关人员清理会议室，不要拖延。否则烟灰缸里的烟头会在会议室散发出烟味，形成污浊的空气。还有茶杯里的剩余茶水会结成茶垢，使茶杯不易清洗干净。

相关范例样本

一、经理例会通知范例

（一）中小型公司经理例会通知范文

1. 便函式

会议通知

致：各部门经理
发自：总经理秘书刘丽
日期：2016年7月15日
主题：部门经理的圆桌会议通知

2016年7月25日上午11：00，在燕都宾馆会议室举行全体部门经理的圆桌会议。中午12：15将有午餐供应。如果您不能参加，请在7月24日之前打电话告知（联系电话：

82489541）。

附上一份议事日程。除此之外，您还将得到一张宾馆方位地图和一份便于在宾馆旁停放车辆的说明。

附件：议事日程、地图、说明

2. 卡片式

部门经理会议

目的：讨论公司下一年度市场营销计划

时间：2016 年 12 月 20 日上午 9：00

地点：公司第一会议室

如您无法出席，请于×月×日前电话告知×××。电话号码：××××××××。

（二）大型公司经理例会通知范文

关于召开 3 月份经理例会的通知

各子公司、分公司、业务部：

春回大地，百花盛开，眨眼一季度工作即将过去，为做好阶段性工作小结，真正实现第一季度“开门红”，公司现定于 3 月 18 日（周五）召开 3 月份经理例会，具体安排如下：

1. 会议时间：2016 年 3 月 18 日（周五）8：30—11：30。

2. 会议地点：奥林匹克俱乐部（中山四路 230 号）南宁厅。

3. 会议主持：张彬。

4. 会议主题：强化标准、重在执行。

5. 会议内容：

（1）8：30—8：45　营运部总经理王运鸿做 2 月营运工作汇报。

（2）8：45—8：55　财务总监吴静做 2016 年度预算编制说明。

（3）8：55—9：25　财务部经理黄巍做 2 月份财务情况分析。

（4）9：25—9：45　市场开发部总经理徐进分析 2 月营销实绩及市场开发部 2016 年奖惩机制。

（5）9：45—10：05　外贸事业部总经理张彬做 2016 年对外贸易政策宣讲。

（10：05—10：15　休息）

（6）10：15—10：35　货代事业部总经理蔡文敏做货代事业部近期工作汇报。

（7）10：35—11：30　总经理左小岚做总结发言。

6. 与会人员：

公司领导：葛今中、陈晓春、左小岚、吴静。

办公室：朱明洁。

人力资源部：朱莉。

财务部：黄巍。

营运部：王运鸿。

市场开发部：徐进、董国荣、陈庭浩、叶芳、虞志岳。

通关事业部/空运：周昕、许德华。

外贸事业部：张彬。

货代事业部/供应链：蔡文敏。

储运事业部/新嘉物流：刘迪眉。

报检部：张愉。

新海物流：叶飞红、毛国华。

基浩商务：薛晓虹。

同诚货运：罗大军。

科飞信息：孙红阳。

会议备注说明：

1. 请发言人员于3月15日（周三）16：00之前将内容发送至××××@163.com；联系人：丁晓霞，联系电话：8382461。

2. 星光剧场对外开放时间为12：30，请各位经理注意用餐时间，准时到达会场。

3. 奥林匹克停车费用为20元/天，建议可把车停到公司后步行到会场。

上海新东方报关有限公司办公室

2016年3月13日

二、经理例会管理制度范例

（一）××酒店部门经理例会制度范文

一、例会地点：酒店三楼（如有变动由总经办另行通知）。

二、政策目的：做好工作布置和总结，及时纠正工作中出现的错误，促进各部门间的配合，加强检查提高服务质量，建立例会制度，同时通过制定此制度来规范酒店管理层例会顺利进行、工作落实。

三、概述：

1. 周例会将于每周一14：00举行。

2. 各部门汇报工作情况，以及需提请总经理或需要其他部门协调解决的问题。

3. 由总经理对各部门的工作进行讲评，提出工作要点，并进行布置和安排。

4. 会议内容形成纪要发放各部门经理签收。

5. 与会者到会必须有准备，发言坦诚、有序、严肃、精练。

6. 与会者必须对会议内容贯彻执行，做到有布置、有落实、有检查。

7. 会议结束后，总经办要根据纪要进行跟踪，主抓落实。

8. 会议不得无故缺席、迟到，迟到每次给予50元处罚，无故缺席，每次罚款100元。

9. 如遇特殊情况不能参加会议的人员，提前30分钟告知总经办。

10. 会议期间所有手机调至关闭或震动状态。

11. 在会议进行期间原则上不允许提前离开，如有急事须口头告知总经办，经同意后方可离开，并对当天会议内容跟踪补充。

四、会议发言顺序：

1. 餐饮部　　2. 出品部　　3. 客房部　　4. KTV　　5. 工程部

6. 财务部　　7. 总经理　　8. 总经办　　9. 总结

（二）××公司部门经理周例会管理制度范文

第一条　目的

（一）加强公司各部门之间的工作联系沟通，提高工作效率。

（二）追踪部门目标任务完成进度，下达新计划任务。

（三）解决工作中出现的问题，明确责任，提出纠正与预防措施，提出解决问题的方案。

第二条　职责

（一）总经理负责主持周例会召开，如总经理不在，则由副总经理主持。

（二）综合部负责会议签到、会议内容的记录、整理、分发。

第三条　参会人员

总经理、副总经理、分公司经理及直属部门经理。

第四条　会议时间及地点

（一）每周六上午9点开会，如遇特殊情况，由咨询部另行通知。

（二）会议地点：公司会议室。

第五条　会议要求

（一）参会人员必须准时报到，应参会人员不能按时参加的，必须报总经理批准。迟到或早退者乐捐50元，无故不参加会议者按旷工一天处理。

（二）会议时间控制在1小时以内，与会人员应提前做好会议准备，表述要简单扼要，控制发言时间。

（三）与会人员应准备好本周工作总结和下周工作计划及分解内容，并认真做好会议记录。

（四）对于会议上形成决策的事项，要当场形成工作计划并指定责任人和出具任务完成时间表。

第六条　会议内容

（一）与会人员报到签字。

（二）部门负责人对周工作进行总结。

（三）部门负责人提出工作中存在的问题，并拿出自己的解决方案。

（四）部门负责人简述下周工作内容，对部门成员部署下周工作计划。

（五）部门成员提出工作中存在的难题，并积极发表自己的意见。

（六）各与会人员对提出的问题进行讨论解决，对于不能在会议上解决的问题，及时提交总经理研究解决；对于形成决议的解决办法，直接责任人应向与会人员承诺完成期限。

（七）咨询部协调各部门之间的工作关系。

（八）总经理对上周工作进行评价，提出下一步工作要求，明确工作内容和相关责任人。

（九）与会人员承诺完成新任务的时间表。

第七条　会议记录

（一）会议结束后，咨询部人员负责整理会议记录，打印后由会议主持人、与会人员和记录人签字后复印，并在下一个星期一上午送达总经理、各部门经理各一份，咨询部保存原件和电子版本。

（二）与会人员必须携带本子和笔，记录会议要点，与自己工作相关的要详细记录，以便明确和落实工作。

第八条　其他

（一）本制度由咨询部制定和修改。

（二）本制度经总经理批准后执行。

（三）本制度自公布之日起实施。

编制：　　　　　　　　　　　　批准：

日期：　　　　　　　　　　　　日期：

三、经理例会会议纪要范例

××公司经理例会会议纪要

×月×日，总经理主持召开经理例会，听取8月份工作情况汇报，讨论安排了×月份主要工作。现纪要如下：

一、主要工作安排

（一）工程建设

1. 抓好东延工程建设工作，优先启动新城大道东延工程建设。

2. 抓好污水处理厂工程建设工作，加快工程进度。

3. 抓好公园建设工作，努力建设精品工程。

4. 抓好城市污水收集优化工程建设工作，加快新城大道新增污水管网建设。

5. 抓好搬迁安置房建设工作，制定安置小区绿化配套方案。

6. 抓好城市重点供水主管网建设组织协调工作，尽快全面启动工程建设。

7. 抓好南湖公园概念性设计汇报工作，争取尽快立项。

（二）土地经营

1. 抓好核心区土地收储方案履行人大决议程序工作，努力完成今年土地收储任务。

2. 抓好土地招商出让工作，积极筹集城建资金。

3. 抓好融资抵押用地办证工作，全面满足融资抵押条件。

4. 抓好重点项目用地办证工作，确保项目按时顺利推进。

（三）融资理财

1. 抓好银行联络工作，重点抓好国开行、农发行、中信银行、平安租赁公司四家融资项目申报工作。

2. 抓好重点项目资金的保障工作，按程序拨付工程急需资金。

3. 抓好财务预决算管理工作，规范公司财务管理行为。

4. 抓好资金统筹调度工作，全力确保银行信誉。

（四）水务保障

1. 抓好水源地保护区域搬迁工作，确保供水安全。

2. 抓好二水厂扩规改造方案优化设计工作，确保纳入明年城建资金计划。

3. 抓好工业园污水处理厂运行调试工作，及时有效处理工艺废水。

4. 抓好供水信访问题化解工作，全力为政府分忧解难。

（五）公司管理

1. 抓好“四城同创”等中心工作，努力维护公司良好的社会形象。

2. 抓好党风廉政建设工作，严格执行上级各项廉政规定。

3. 抓好公司行为规范和行业服务细则实施情况的检查督办工作，严格绩效考核程序。

4. 抓好信访稳定工作，耐心争取施工单位对我们的理解与支持。

5. 抓好公司对外宣传与联络工作，积极探索公司做强做大的新思路。

二、主要活动安排

1. ×月上旬，请市主要领导拜访省重点金融部门。

2. ×月中旬，请市主要领导拜访××××公司领导。

3. ×月中旬，参加全国城投联会。

4. ×月下旬，召开重点工程建设现场督办会。

三、工作要求

1. 紧跟形势，改进作风，切实履行服务职能。

2. 认清形势，廉洁奉公，严格防范腐败风险。

3. 正视困难，主动作为，努力寻求公司发展壮大的新思路。

四、经理例会议程范例

××公司经理例会议程

（2016年第4次）

一、会议时间

2016年3月15日（星期二）上午10：00。

二、会议地点

公司四楼会议室。

三、主持人

×××。

四、参会人员

公司领导及相关部门负责人。

五、会议议题

1. 听取各部门工作情况汇报。
2. 研究解决有关事项。
3. 部署安排当前工作。

六、各部门汇报内容

1. 当前工作进展情况。
2. 下一步工作安排。
3. 存在的困难和需协调解决的问题。

七、部门汇报顺序

1. 规划发展部/计划合约处。
2. 总工办/建设事业部。
3. 工程一处。
4. 安全质量处。
5. 运营筹备部。
6. 审计法务处。
7. 财务部。
8. 综合部/人力资源部/纪检监察室。

思考与练习

一、问答题

1. 经理例会中秘书人员要做好哪些工作？
2. 如何收集和筛选经理例会的议题？
3. 秘书人员在经理例会后的工作又有哪些？

二、实训题

每周二上午9点半公司都要准时召开部门经理例会，所有在公司的领导和各部门经理都要参加，总共二十多个人，主要是各部门交换信息，总经理部署本周的工作，所以，周一一上班总经理就让秘书准备一下。请你做一次部门经理例会的准备工作。

三、案例分析

1. 某公司每周三上午召开经理例会，刚开始召开时，好像每个经理都有很多问题要谈，但随着开会次数的不断增加，经理例会变成了一种例行公事，会议越开越短，越开越没有主题，大家好像都没什么话可说。怎样才能把经理例会开得有意义呢？

2. 某公司召开了一次部门经理会议，讨论下一季度的产品营销策略。会议进行得十分顺利，大家都集思广益，商议出许多好点子。会后，大家都觉得此次会议很成功，对下一季的产品销售信心十足。但是，下一季到来，公司的产品销售不但没有明显上升，还只跟竞争对手打个平手，而且竞争对手几乎采用了与他们公司雷同的产品营销策略，显然上次会议中公司发生了信息泄密。请就该事件谈谈会议的保密工作。

3. 琳莎是××酒业（中国）公司总经理的秘书。这天上司对琳莎说："我想下个月召开全国各分公司经理会议。最好在外面找个条件好一点的地方开，这事你负责办一下。"琳莎与上司就会议的时间和预算进行了确认外，还就其他问题进行了确认。下面有5个选项：

（1）除了要准备话筒和投影仪外，还要准备其他会议器材吗？

（2）在征求分公司经理们的意见后再确定会场定在什么地方，可以吗？

（3）会议名称用"××公司分公司经理会议"合适吗？

（4）在确认陪同分公司经理来开会的人数后，再去预约会场和住宿的房间，可以吗？

（5）会议代表的午餐是准备盒饭还是在饭店里的餐厅就餐？

请从上面5个选项中挑选出1个你认为不合适的，并说明理由。

任务3 股东大会

案例启示

某房地产股份公司注册资本为人民币2亿元。后来由于房地产市场不景气，公司年底出现了无法弥补的经营亏损，亏损总额为人民币7 000万元。某股东据此请求召开临时股东大会。公司决定召开临时股东大会，于秘书将临时股东大会安排在4月10日，并于4月1日在报纸上刊登了向所有股东发出的会议通知。通知确定的会议议程包括以下事项：①选举更换部分董事，选举更换董事长；②选举更换全部监事；③更换公司总经理；④就发行公司债券进行决议；⑤就公司与另一房地产公司合并进行决议。在股东大会上，上述各事项均经出席大会的股东所持表决权的半数通过。

提问：(1) 公司发生亏损后，在股东请求时，是否应该召开股东大会？为什么？

(2) 于秘书在临时股东大会的召集、召开过程中，有无与法律规定不相符的地方？如有，请指出，并说明理由。

分析：(1) 符合《中华人民共和国公司法》（以下简称《公司法》）规定的事项有：①公司发生经营亏损后，在股东请求时，应当召开临时股东大会。召开的理由是，该公司的未弥补亏损7 000万元已超过注册资本2亿元的三分之一。②选举部分董事、更换董事长，属于股东大会的职权，应由董事会选举更换董事长。《公司法》第三十八条第二款关于有限责任公司股东会职权的规定，适用于股份有限公司股东大会。（三十八条第二款：股东会行使下列职权：选举和更换非由职工代表担任的董事、监事，决定有关董事、监事的报酬事项）

(2) 于秘书在临时股东大会的召集、召开过程中，存在以下与法律不符的地方：①召开股东大会应提前二十日通知股东，临时股东大会应于会议召开十五日前通知股东；本案为临时召开股东大会，少于十五日之规定。②股东大会不能选举、更换全部监事，因其中由公司职工选出的监事，股东大会只能选举更换由股东代表出任的监事；③更换聘任公司经理，是董事会的职权，不是股东大会的职权；④公司合并决议应经出席股东大会的股东所持表决权的三分之二，而不是半数以上通过。

任务引入

任务背景：下个月10日，是美颜酒业有限公司召开今年股东大会的日子。

任务：作为总经理助理和行政秘书，林路被安排负责组织此次股东大会。

任务分析

股东大会既是一种定期或临时举行的由全体股东出席的会议，又是一种由全体股东所组成的公司制企业的最高权力机关。它是股东作为企业财产的所有者，对企业行使财产管理权的组织。企业一切重大的人事任免和经营决策一般都得经股东大会认可和批准方才有效。

股东大会与董事会一样，其议事方式和表决程序都有法律规定，除法律另有规定的以外，由公司章程规定。所以股东大会有别于其他会议，不能随意、随便组织召开。会议的组织和召开必须符合法律规定和公司章程的规定。

作为股东大会的组织者，秘书林路要十分熟悉《公司法》的有关规定，严格按照法律法规进行会议组织，否则会议的召开将无效。

知识链接

一、股东大会的含义

股东大会是公司的最高权力机关，它由全体股东组成，对公司重大事项进行决策，有权选任和解除董事，并对公司的经营管理有广泛的决定权。

二、股东大会的类型

股东大会有三种：法定大会、年度大会、临时大会。

（一）法定大会

凡是公开招股的股份公司，从它开始营业之日算起，一般规定在最短不少于一个月，最长不超过三个月的时期内举行一次公司全体股东大会。

会议主要任务是审查公司董事在开会之前14天向公司各股东提出的法定报告。目的在于能让所有股东了解和掌握公司的全部概况以及进行重要业务是否具有牢固的基础。

（二）年度大会

股东大会定期会议又称为股东大会年会，一般每年召开一次，通常是在每一会计年度终结的六个月内召开。由于股东大会定期大会的召开多为法律强制，所以世界各国一般不对该会议的召集条件做出具体规定。

年度大会内容包括选举董事、变更公司章程、宣布股息、讨论增加或者减少公司资本、审查董事会提出的营业报告等。

（三）临时大会

股东大会临时会议通常是由于发生了涉及公司及股东利益的重大事项，无法等到股东大会年会召开而临时召集的讨论紧迫问题的股东会议。

关于临时股东大会的召集条件，世界主要国家大致有三种立法体例：列举式、抽象式和结合式。

我国采取的是列举式。德国、日本等国家的法律则采取的是抽象式的立法体例，即不具体列举召集条件，而将决定权交由召集权人根据需要确定。德国《股份公司法》第121条第1款规定："股东大会应当在法律或章程规定的情形下以及在公司的利益需要时召集。"日本《商法典》也规定："临时全会于必要时随时召集。"而英国公司法在规定临时股东大会的召集条件时，则采取了结合式的办法，即在规定抽象的召集条件之后，对法律认为重要的事项进行列举。其规定为：股东临时会可于必要时随时召集，尤其是涉及章程变更、公司的转化、限制股份转让的新规则、董事竞业的认可、董事私人交易责任的免除等。

三、股东大会的性质

股东大会的性质主要体现在两个方面：

（一）体现股东意志

股东大会是由全体股东组成的权力机关，它是全体股东参加的全会，而不应是股东代表大会。现代企业股权分散，股东上万甚至几十万，不可能全部出席股东大会。因此，股东不能亲自到会的，应委托他人代为出席投票，以体现全体股东的意志。

（二）企业最高权力机关

股东大会是企业经营管理和股东利益的最高决策机关，不仅要选举或任免董事会和监事会成员，而且企业的重大经营决策和股东的利益分配等都要得到股东大会的批准。但股东大会并不会具体和直接介入企业生产经营管理，它既不对外代表企业与任何单位发生关系，也不对内执行具体业务，本身不能成为企业法人代表。

四、股东大会的有关法律规定

（1）《公司法》对召开股东大会会议的程序性工作进行规定，从通知、股东提案、决议范围、无记名股票的交存四方面规定了股东大会会议召开前的法定程序工作，从而确保股东有效参与股东大会会议，具体如下：

①《公司法》第一百零三条规定，召开股东大会会议，应当将会议召开的时间、地点和审议的事项于会议召开二十日前通知各股东；临时股东大会应当于会议召开十五日前通知各股东；发行无记名股票的，应当于会议召开三十日前公告会议召开的时间、地点和审议事项。

②单独或者合计持有公司百分之三以上股份的股东，可以在股东大会召开十日前提出临时提案并书面提交董事会；董事会应当在收到提案后二日内通知其他股东，并将该临时提案提交股东大会审议。

③临时提案的内容应当属于股东大会职权范围，并有明确议题和具体决议事项。股东大会不得对前两款通知中未列明的事项做出决议。

④无记名股票持有人出席股东大会会议的，应当于会议召开五日前至股东大会闭会时将股票交存于公司。

（2）《公司法》在确认股东大会的议事方式和表决程序由公司章程规定的同时，对一些特定问题的讨论等也规定了特别的程序，主要包括：

①股东大会对公司增加或者减少注册资本、分立、合并、解散或者变更公司形式做出决议，必须经出席股东大会所持表决权的三分之二以上通过。这一规定较通常的二分之一以上表决权通过的规定，扩大了利益保护的范围。

②公司可以修改章程，但修改公司章程的决议，必须经代表三分之二以上表决权的股东通过。

③股东大会会议由股东按照出资比例行使表决权。

④股东大会的首次会议由于尚未形成会议召开方法，故应由出资最多的股东召集和主持，依照公司法规定行使职权。

⑤股东大会会议分为定期会议和临时会议：定期会议应当依照公司章程的规定按时召开。代表十分之一以上表决权的股东，三分之一以上的董事，监事会或者不设监事会的公司的监事提议召开临时会议的，应当召开临时会议。

⑥公司设立董事会的，股东大会会议由董事会召集，董事长主持，董事长因特殊原因不能履行职务时，由董事长指定的副董事长或者其他董事主持。

⑦召开股东大会会议，应当于会议召开十五日前通知全体股东。股东大会应当对所议事项的决定做成会议记录，出席会议的股东应当在会议记录上签名等。

无论公司章程有无规定，股东大会会议的有关问题涉及上述方面的，都必须按规定的程序执行。程序未作规定而章程有规定的，则可依章程规定的程序执行。

五、股东大会决议的写作

会议决议是重要的公司法律文件，也是公司意思的常见表达方式。我国《公司法》多个条款提及会议决议，却没有给出清晰解释。笔者认为，会议决议是股东大会到会股东针对召集人提出的会议议案，按照既定议事规则和多数决定原则，投票形成或决定的公司意思。会议决议应当记载会议表决通过的事项，也可以记载决议通过的表决权比例以及未通过的会议议案。

根据《公司法》对有限责任公司股东大会的有关规定，股东大会的决议应包含以下内容：

（1）会议基本情况：

会议时间、地点、会议性质（定期、临时）。

（2）会议通知情况及到会股东情况：

会议通知时间、方式；到会股东情况，股东弃权情况。

（3）会议主持情况：

会议由出资最多的股东召集和主持；一般情况由董事会召集，董事长主持；董事会因特殊原因不能履行职务时，由董事长指定的副董事长或其他董事主持（应附董事长因故不能履行职务指定副董事长或其他董事主持的委托书）。

（4）会议决议情况：

股东大会由股东按出资比例行使表决权；股东大会对修改公司章程、公司增加或者减少注册资本、分立、合并、解散或者变更公司形式做出决议，必须经代表三分之二以上表决权的股东通过。

股东大会的具体表决结果，持赞同意见股东所代表的股份数，占出席股东大会的股东所持股份总额的比例。持反对意见或弃权的股东情况。

（5）签署：

有限责任公司股东大会决议由股东盖章或签字（自然人股东）。

任务实施过程及知识点

一、准备会议

（一）确定会议时间

股东大会一般是一年召开一次，且应在每个会计年度终结之后六个月期限内召开。必要时，公司也可以召开临时的股东会议。

1．定期召开股东大会

《公司法》第一百条规定，股东大会应当每年召开一次年会。至于召开年会的时间，由公司自行规定。

2．临时召开股东大会

有下列情形之一的，应当在两个月内召开临时股东大会：

（1）董事总人数不足本法所规定的人数或者公司章程所定的人数的三分之二时。

（2）公司未弥补的亏损达实收股本总额三分之一时。

（3）单独或者合计持有公司百分之十以上股份的股东请求时。

（4）董事会认为必要时。

（5）监事会提议召开时。

（6）公司章程规定的其他情形。

出现以上六种情况之一时，应该在两个月内召开临时股东大会。

此次股东会议是公司定期会议，所以时间是固定的，秘书林路只需参照往年召开会议的时间，按照公司固定召开股东大会的时间确定下来即可。

（二）确定会议主持

1．有限公司股东大会的召集人与主持人（《公司法》第四十条）

（1）首次股东大会会议由出资最多的股东召集和主持。

（2）董事会或不设董事会的执行董事召集。

有限责任公司设立董事会的，股东大会会议由董事会召集，董事长主持；董事长不能履行职务或者不履行职务的，由副董事长主持；副董事长不能履行职务或者不履行职务的，由半数以上董事共同推举一名董事主持。

有限责任公司不设董事会的，股东大会会议由执行董事召集和主持。

（3）监事会或不设监事会的监事召集。

董事会或者执行董事不能履行或者不履行召集股东大会会议职责的，由监事会或者不设监事会的公司的监事召集和主持。

（4）代表十分之一以上表决权的股东。

监事会或者监事不召集和主持的，代表十分之一以上表决权的股东可以自行召集和主持。

2. 股份有限公司股东大会召集人与主持人（《公司法》第一百零一条）

（1）董事长。

股东大会会议由董事会召集，董事长主持；董事长不能履行职务或者不履行职务的，由副董事长主持；副董事长不能履行职务或者不履行职务的，由半数以上董事共同推举一名董事主持。

（2）监事会。

董事会不能履行或者不履行召集股东大会会议职责的，监事会应当及时召集和主持。

（3）连续九十日以上单独或者合计持有公司百分之十以上股份的股东。

监事会不召集和主持的，连续九十日以上单独或者合计持有公司百分之十以上股份的股东可以自行召集和主持。

（4）清算组（《公司法》第一百八十六条）。

清算组在清理公司财产、编制资产负债表和财产清单后，应当制定清算方案，并报股东会、股东大会或者人民法院确认。这就需要清算组召集股东大会。

（三）确定上会议题

秘书林路在会前应向公司股东收集议题，在确定股东大会上会议题时，应明确股东大会行使的职权有哪些。股东大会行使如下职权：

（1）决定公司的经营方针和投资计划。

（2）选举和更换董事，决定有关董事的报酬。

（3）选举和更换由股东代表出任的监事，决定有关监事的报酬事项，审议批准董事会的报告。

（4）审议批准监事会的报告，审议批准公司的年度财务预算方案、决算方案。

（5）审议批准公司的利润分配方案和弥补亏损方案。

（6）对公司增加或者减少注册资本做出决议。

（7）对公司发行债券做出决议。

（8）对股东向股东以外的人转让出资做出决议（本项为有限责任公司股东会议特有的职权）。

（9）对公司合并、分立、解散和清算等事项做出决议。

（10）修改公司章程，以及公司章程规定需由股东大会决定的事项。

秘书林路在收集的议题中应筛选出符合股东大会行使职权内的议题，确定会议议题，并制作议案。

（四）收集股东议案

单独或合计持有公司百分之三以上股份的股东，可以在股东大会召开十日前提出临时提案并书面提交董事会，秘书需在此期间对股东的议案进行收集。

董事会应当在收到提案后两日内通知其他股东，并将该临时提案提交股东大会审议。临时提案的内容应当属于股东大会职权范围，并有明确议题和具体决议事项。

（五）预定会议室

秘书林路可根据参会人数，预定合适的会议室。

（六）预约律师、保荐机构

根据《全国中小企业股份转让系统挂牌公司信息披露细则（试行）》第二十九条规定：挂牌公司召开股东大会，应当在会议结束后两个转让日内将相关决议公告披露。年度股东大会公告中应当包括律师见证意见。股东大会需要两名律师见证，临时股东大会则不需要律师见证。

股东大会需要律师见证的主要内容是：对公司股东大会的召集、召开程序、出席会议人员及召集人的资格、表决程序和表决结果等事项发表法律意见。

（七）发放会议通知

在发放会议通知前，需经董事会审议通过关于召开股东大会的通知，再对外公告会议通知。秘书林路应将股东大会的会议通知书以书面形式在会议召开前的充分时间内传送给每位有表决权的股东。

（八）确定与会人员

股东大会的出席人一般应是股东本人。

股东出席股东大会，所持每一股份有一表决权。股东大会的表决可以采用会议表决方式，但表决时要求：第一，要有代表已发行股份多数的股东出席会议，即出席会议的股东所代表的股份总数占已发行股份总数的一半以上；第二，要有出席会议的多数股东表决同意，即同意的表决权数占出席会议的表决权总数的一半以上；第三，股东表决的基础是股票数量。每股一票，而不是每个股东一票。

因此，确定出席会议的股东人数十分重要，如果出席大会的股东达不到要求人数，则表决也将失效，那么召开股东大会就没有意义了。

若股东确实无法参会，也可以委托其代理人出席股东大会，委托时应出具委托书，一个股东只能委托一个代理人，但是一个代理人可以同时接受多个委托人的委托，代他们行使权力。

秘书林路应在会前统计好出席会议人员名单。

（九）与会人员的会前提醒

（1）电话提醒董事、监事、高管、律师、保荐人会议的时间、地点。

（2）确定出席会议的股东、董事、监事、高管、律师、保荐机构等人员。

（3）将议案发给律师，并提醒律师准备好法律意见书的签字盖章页（两名见证律师及律师事务所负责人签字，加盖公章）。

（十）提前安排外地股东、董事、高管行程

（1）给在外地的股东、董事、高管预订机票、酒店，安排接送司机（如需要）。

（2）确定在外地的股东、董事、高管的行程，并提醒做好相关接待及后勤工作；将相关安排通知外地股东、董事、高管。

（十一）准备会议资料及物品

（1）股东大会需准备的会议资料有：

①会议通知。

②会议议案、附件资料。

③会议议程、规则。

④签到表。

⑤表决票。

⑥会议决议（草稿）。

⑦会议纪要（草稿）。

⑧公告（草稿）。

（2）股东大会需准备的物品有：会议 PPT、股东名册、签字笔、纸、姓名牌、水果、茶点、瓶装水、投票箱。

（十二）布置会场

（1）调试会议室设备：打开空调、音响、投影仪、电子牌等。

（2）会议桌上摆放好会议资料、茶点、水果、瓶装水等。

二、会中工作

（一）股东签到

（1）仔细核对身份证和股东代码卡。

（2）授权委托的，需核对营业执照复印件、授权委托书、法人代表证明书、股东卡等资料。

（二）统计到会股东人数及股份数额

会议开始前，秘书林路应统计完成股东人数、持股数、持股比例等并提交给主持人宣布。

（三）协助股东大会议案的审议和表决

（1）秘书林路应明确股东大会议案的审议和表决相关规定：

①股东出席股东大会，所持每一股份有一表决权。但是，公司持有的本公司股份没有表决权。无记名股票持有人出席股东大会的，应当于会议召开五日前至股东大会闭会时将股票交存于公司。

②股东大会做出决议，必须经出席会议的股东所持表决权过半数通过。但是，股东大会做出修改公司章程、增加或者减少注册资金的决议，以及公司合并、分立、解散或者变革公司形式的决议，必须经出席会议的股东所持表决权的三分之二以上通过。

③公司转让、受让重大资产或者对外提供担保等事项必须经股东大会做出决议的，董事会应当及时召集股东大会，由股东大会就上述事项进行表决。

④股东大会选举董事、监事，可以依照公司章程的规定或者股东大会的决议，实行累积投票制。累积投票制，是指股东大会选举董事或者监事时，每一股份拥有与应选董事或者监事人数相同的表决权，股东拥有的表决权可以集中使用。

⑤股东可以委托代理人出席股东大会，代理人应当向公司提交股东授权委托书，并在授权范围内行使表决权。

（2）分发表决票。

将表决票发给参会股东。

（3）收取表决票。

将投票箱收回。

（4）计票、检票、统计票数。

注意股东签到人数和表决票数及总股份数是否相符。

（四）进行会议记录

秘书林路应对股东大会所议事项的决定做成会议记录，主持人、出席会议的董事应当在会议记录上签名。会议记录应当与出席股东的签名册及代理出席的委托书一并保存。

（五）完成决议、纪要、法律意见书

秘书林路在会议尾声前需完成决议、纪要草稿的补充填写，交会议主持，主持人宣读决议和纪要并询问股东是否有异议，见证律师宣读法律意见书，如无异议，董事需在决议和纪要上签字，待董事签字后，林路要仔细检查签字文件，查看是否漏签。

股东有权查阅公司章程、股东大会会议记录和财务会计报告，对公司的经营提出建议

或者质询。股东大会、董事会的决议违反法律、行政法规，侵犯股东合法权益的，股东有权向人民法院提起要求停止该违法行为和侵害行为的诉讼。

三、会后工作

（一）会场清理

清理茶具、桌面，清退文件，删除重要电子文件等。

（二）公告决议

完成决议的公告，并上传至交易所。

（三）会议资料整理归档

股东大会会议资料归档内容包括：

（1）会议审批单，通知邮件，非直接送达电话确认情况表。

（2）会议通知。

（3）会议议案、附件资料。

（4）签到表。

（5）表决票，表决票统计表。

（6）会议决议。

（7）会议纪要。

（8）法律意见书。

（9）股东资格的相关资料（身份证、营业执照复印件、股东卡复印件以及法人代表证明书）。

（10）授权委托资料（身份证复印件、授权委托书，如有需归档）。

（四）决议执行情况跟踪

秘书林路可制作会议决议事项执行情况记录表，将会议决议送至相关执行部门、执行人，并由其在决议事项执行情况记录表上签收，以跟踪决议执行进度，及时记录决议执行结果。

相关范例样本

一、股东大会会议通知范例

××××股份有限公司2016年度股东大会通知

本公司及董事会全体成员保证公告内容的真实、准确和完整，对公告的虚假记载、误导性陈述或者重大遗漏负连带责任。

××××股份有限公司（“本公司”）于2016年4月28日召开的第六届董事会第十二次会议，决定召开本公司2016年度股东大会（股东周年大会）。现将有关会议事项公告如下：

一、召开股东大会基本情况

1. 召开时间：2016年6月23日（星期四）上午9时。

2. 召开地点：中国广东省河源市金山区新城路5号金山区轮滑馆。

3. 召集人：本公司董事会。

4. 召开方式：现场投票。

二、股东大会审议事项

（一）普通决议案

审议并酌情通过下列决议案为本公司之普通决议案：

1. 本公司2016年度董事会工作报告。

2. 本公司2016年度监事会工作报告。

3. 本公司2016年度经审计的财务报告。

4. 本公司2016年度利润分配方案。

5. 本公司2016年度财务预算报告。

6. 续聘××××会计师事务所为本公司2016年度境内审计师及×××会计师事务所为本公司2016年度境外核数师，并授权董事会决定其酬金。

7. 增补×××为第六届董事会董事。×××先生的简历附后。

（二）特别决议案

审议并酌情通过下列决议案为本公司之特别决议案：

批准本公司董事会提呈之本公司章程（《公司章程》）及其附件修正案，并授权本公司董事会代表本公司处理《公司章程》及其附件修订所需的各项有关申请、报批、登记及备案等相关手续（包括依据任何中国有关审批部门的要求及任何本公司证券上市的证券交易所的规则的修改建议做适当的文字修改）。有关《公司章程》及其附件修正案请见广东证券交易所网站及发给H股股东的股东通函。

三、股东大会出席人员

1. 于2016年5月19日（星期四）下午交易结束后，名列本公司股东名册的本公司股份持有人或其委托代理人，均有权出席股东周年大会。该等人士须填妥本公司之出席确认回执并于2016年5月31日（星期二）前送回本公司。详情请参阅股东周年大会出席确认回执。

2. 本公司董事、监事和高级管理人员。

3. 本公司聘任的中介机构代表及董事会邀请的特约嘉宾。

四、股东大会会议登记办法

1. 股东或其代表出席股东周年大会时应出示身份证明文件（身份证或护照）。如出席会议的股东为法人，法定代表人出席会议的，应出示本人身份证明文件、能证明其具有法定代表人资格的证明，并提供能够让公司确认法人股东身份的信息；委托代表出席会议的，受委托代表应出示本人身份证明文件、法人股东单位的法定代表人依法出具的书面委托书或法人股东的董事会或者其他决策机构经过公证证实的授权决议副本，并提供能够让公司确认法人股东身份的信息。

2. 请填妥股东周年大会出席确认回执。详情请参阅股东周年大会出席确认回执。

3. 登记时间：2016年5月21日—2016年5月31日。

4. 登记地址：请参阅股东大会出席确认回执。

××××股份有限公司

2016年5月7日

二、股东大会授权委托书范例

授权委托书

兹授权委托________先生/女士代表本公司/本人出席×××股份有限公司2016年第二次临时股东大会，并代为全权行使表决权，并签署相关文件。本授权书不做特别指示，受托人可以按自己的意思表决。本公司愿意对受托人行使的表决权和签署的相关文件承担全部责任。

本项授权的有效期限：自签署日至本次会议相关文件签署完毕后止。

委托人签名：

（法人股东由法定代表人签名并加盖单位公章）

委托人股权凭证号：

委托人持股数量：

受托人签名：

受托人身份证号码：

签署日期：　　年　　月　　日

三、股东大会表决票范例

××有限公司

________年第二次临时股东会议案表决票

（表决日期：　　　　　　　　　　）

股东姓名：　　　　股权份额：　　　　（万股）　　　　持股比例：　　　（%）

<table>
<tr><td rowspan="2">序号</td><td rowspan="2">表决议案名称</td><td colspan="3">表决结果</td></tr>
<tr><td>同意</td><td>弃权</td><td>反对</td></tr>
<tr><td>1</td><td></td><td></td><td></td><td></td></tr>
<tr><td>2</td><td></td><td></td><td></td><td></td></tr>
<tr><td>3</td><td></td><td></td><td></td><td></td></tr>
<tr><td>序号</td><td colspan="4">“反对”表决项意见陈述</td></tr>
<tr><td></td><td colspan="4"></td></tr>
<tr><td colspan="5">股东代表签名：　　　　　　　　　　年　　月　　日</td></tr>
</table>

注：1. “同意”“弃权”“反对”只能选择一种，并用文字书写。

2. 选择“反对”的应陈述理由，选择“同意”的也可陈述理由。

四、股东大会会议记录范例

××有限责任公司股东大会会议记录

时间：20××年×月×日

地点：××××

出席：×××、×××（出席会议的股东代表或董事、监事，以及列席人员）

缺席：×××

主持：×××

记录：×××

会议内容：

（股东大会、董事会会议记录可以分为三类：一是决定性意见，即对相关议题做出决定；二是指导性意见，即对相关议题所述事项的执行提供指导性意见；三是其他类型的意见，如对公司总经理（经营层）的褒奖、肯定或批评等意见。因此，会议记录应分别三种意见对相关事项的结果进行记录。）

一、审议通过《×××××的议案》。同意×××××××。表决结果是××××。

二、股东各方（与会董事）讨论了以下方面问题：

1. 在政策允许的前提下，对×××××。

2. 股东各方原则同意×××××。

三、讨论了《关于×××××的议案》。

×××代表（董事）：×××××。（发言要点）

×××代表（董事）：×××××。（发言要点）

股东代表（或董事）签字：

记录人（董事会秘书）签字：

20××年×月××日

五、股东大会决议范例

范例一　××有限公司股东大会决议

出席会议股东：________、________、__________。

列席会议新增股东：________。

根据《公司法》及公司章程，××有限公司于______年____月____日在（地点）召开股东大会，出席本次会议的股东共______人，代表公司股东____%的表决权，所做出决议经公司股东表决权的____%通过。决议事项如下：

1. 同意公司经营范围变更为：____________________。

2. 同意（原股东）将占公司注册资本____%共____万元的出资转让给（新股东），并批准了原股东（×××）与新股东（×××）之间的股权转让合同。

3. 同意公司住所迁至（具体地址）。

4. 同意公司营业执照期限延期。

5. …………（其他需要决议的事项请逐项列明）

6. 同意就上述变更事项修改公司章程相关条款。

原股东：（签名或盖章）　　　　新增股东：（签名或盖章）

（签名或盖章）

年　月　日

范例二　股东大会决议

根据《公司法》及本公司章程的有关规定，__________________公司临时股东大会会议于______年____月____日在__________________召开。本次会议由执行董事提议召开，执行董事于会议召开____日以前以______方式通知全体股东，应到会股东______人，实际到会股东______人，占总股数____%。会议由执行董事主持，形成决议如下：
一、同意股东________受让________持有的本公司5%股权。
二、股权转让后，公司股东持股情况如下：
________，认缴出资额：________万元，出资比例：____%
________，认缴出资额：________万元，出资比例：____%
________，认缴出资额：________万元，出资比例：____%
三、通过修改后公司章程；
四、公司股东发生变动后，选举________为监事，________不再担任监事。

以上事项表决结果：同意的，占总股数100%
不同意的，占总股数0%
弃权的，占总股数0%

股东（签字、盖章）

年　月　日

六、股东大会会议纪要范例

×××有限公司股东大会会议纪要

时间：2016年×月×日
地点：××××
出席会议股东：×××，×××，×××，×××
主持人：××　　　　记录人：××

根据《公司法》和本公司章程，本公司于2016年×月×日召开了第×次股东大会，×××公司注册金额人民币×××万元（认缴制），实缴×元，参会股东为×××，代表额数100%，会议以书面通知方式通知股东参加会议。会议有三项审议事项：一、罢免和更换公司监事；二、增加公司注册资本；三、修改公司章程。经股东一致同意，形成决议如下：

一、就第一项审议事项，代表____%表决权的股东同意，代表____%表决权的股东反对，达成如下决议：

免去××监事职务，选举×××为公司监事。

上述决议涉及章程条款变动的，同意修改公司章程。

二、就第二项审议事项，代表____%表决权的股东同意，代表____%表决权的股东反对，达成如下决议：

增加公司注册资本人民币______万元。

上述决议涉及章程条款变动的，同意修改公司章程。

三、就第三项审议事项，代表____%表决权的股东同意，代表____%表决权的股东反对，达成如下决议：

修改公司章程，增加如下内容：

1. 股东有下列情形之一，股东大会经代表三分之二以上表决权的股东同意，可以决定解除其股东资格：

（1）股东违反出资义务。

（2）股东严重破坏公司正常经营活动。

（3）非经代表三分之二以上表决权的股东同意，自营或为他人经营与公司同类或相竞争的业务；为自己或者他人谋取属于公司的商业机会。

（4）窃取公司商业秘密。

（5）诋毁公司商业信誉。

（6）其他侵害公司利益的情形（包括但不限于挪用或侵吞公司资金，私藏、转移或隐匿公司重要文件及资料等）。

股东大会决定解除上述股东资格的，涉及的未交的出资额由其他股东认缴；已缴的出资额，即该股东的股权，由其他股东按照股权成本价购买，不再评估该股权的溢价或减亏。股权成本价是指股东出资时向公司实际交付的出资金额，或收购该项股权时向该股权的原转让人实际支付的股权转让价金额。

2. 考虑到公司目前的经营规模，下列人员被界定为公司的高级管理人员：公司经理、副经理、各部门经理、办公室主任。

股东签字：

七、股东大会签到表范例

范例一　×××××公司

股东大会会议出席人员签到册

编号：　　　　　　公司　　　年　　号

<table>
<tr><td colspan="2">会议性质（定期会议或临时会议）</td><td colspan="3"></td></tr>
<tr><td>会议时间</td><td>年　　月　　日　　时</td><td>会议地点</td><td colspan="2"></td></tr>
<tr><td colspan="5">出席本次股东大会会议人员名单</td></tr>
<tr><td>姓名</td><td>代表股东方</td><td>有无授权委托书（如为股东方法定代表人出席请注明）</td><td>在本公司担任的职务（如无请注明）</td><td>签字/日期</td></tr>
<tr><td></td><td></td><td></td><td></td><td></td></tr>
</table>

制作人：

年　　月　　日

范例二　×××××股份有限公司2016年度股东大会签到册

一、出席会议的股东

序号	股东姓名/名称	股份数额（万股）	持股比例（%）	股东/授权代表/代理人签字	签到日期
1					
2					
3					

二、其他参会人员

姓名	单位	职务	身份证号码	地址	签到日期

八、股东大会决议公告范例

证券代码：201612　　　　证券简称：××××　　　　公告编号：2016－018

××实业股份有限公司
2016年度股东大会会议决议公告

本公司及董事会全体成员保证信息披露的内容真实、准确、完整，没有虚假记载、误导性陈述或重大遗漏。

一、重要提示

本次股东大会会议召开期间，所有议案全部获得股东大会通过；未有增加或变更议案的情况。

二、会议召开的情况

召开时间：2016年5月22日（周日）

召开地点：××实业股份有限公司会议室

召开方式：现场投票

召集人：公司董事会

主持人：××董事长

会议的召开符合《公司法》《股票上市规则》及《公司章程》的规定。

三、会议的出席情况

1. 出席的总体情况：

股东（代理人）____人、代表股份____股，占上市公司有表决权总股份____%。

2. 社会公众股股东出席情况：

社会公众股股东（代理人）____人、代表股份____股，占公司社会公众股股东表决权股份总数____%。其中，现场出席股东大会的社会公众股股东____人、代表股份____股，占公司社会公众股股东表决权股份总数____%。

3. 外资股股东出席情况：

外资股股东（代理人）____人、代表股份____股，占公司外资股股东表决权股份总数____%。

四、提案审议和表决情况

议案一：审议2016年度董事会工作报告

1. 总体表决情况：

同意____股，占出席会议所有股东所持表决权____%；

反对____股，占出席会议所有股东所持表决权____%；

弃权____股，占出席会议所有股东所持表决权____%。

2. 社会公众股股东的表决情况：

同意____股，占出席会议社会公众股股东所持表决权____%；

反对____股，占出席会议社会公众股股东所持表决权____%；

弃权____股，占出席会议社会公众股股东所持表决权____%。

3. 外资股股东的表决情况：

同意____股，占出席会议外资股股东所持表决权____%；

反对____股，占出席会议外资股股东所持表决权____%；

弃权____股，占出席会议外资股股东所持表决权____%。

4. 表决结果：表决通过。

议案二：审议2016年度监事会工作报告

1. 总体表决情况：

同意____股，占出席会议所有股东所持表决权____%；

反对____股，占出席会议所有股东所持表决权____%；

弃权____股，占出席会议所有股东所持表决权____%。

2. 社会公众股股东的表决情况：

同意____股，占出席会议社会公众股股东所持表决权____%；

反对____股，占出席会议社会公众股股东所持表决权____%；

弃权____股，占出席会议社会公众股股东所持表决权____%。

3. 外资股股东的表决情况：

同意____股，占出席会议外资股股东所持表决权____%；

反对____股，占出席会议外资股股东所持表决权____%；

弃权____股，占出席会议外资股股东所持表决权____%。

4. 表决结果：表决通过。

五、律师事务所出具的法律意见

本次股东大会由湖江市胜利律师事务所出具法律意见书，认为：公司本次股东大会的召集和召开程序符合《公司法》《股东大会规则》和《公司章程》的规定；会议召集人具备召集本次股东大会的资格；出席及列席会议的人员均具备合法资格；本次股东大会的表决程序符合《公司法》《股东大会规则》及《公司章程》的规定，表决结果合法有效。

特此公告！

××实业股份有限公司董事会

2016年5月25日

思考与练习

一、问答题

1. 股东大会有几种类型？

2. 股东大会和董事会行使职权有何不同？

3. 文秘人员在股东大会后如何对决议的执行情况进行跟踪？

二、实训题

1. 3月24日上午，美颜酒业有限责任公司股东大会第二次会议在公司大楼第一会议室隆重召开。公司董事会、监事会和全体投资股东授权委托的81名股东代表出席了会议。

会议审议并通过了《公司财务执行情况报告》《监事会工作报告》和《公司年度工作报告》三个报告的决议。

会议认为，一年来，美颜酒业有限责任公司在市委、市政府的正确领导下，公司管理团队带领全体员工审时度势，攻坚克难，有效抵御了资金缺口大、遗留问题多、技改难度大等各种困难和压力，最大限度地保证了技改扩能项目建设的平稳推进，为公司的创新转型、跨越发展奠定了良好的基础。

会议要求，在今后的工作中，美颜酒业公司要以加快技改扩能工程进度，实现早验收、早投产、早达效为目标，加强企业内部管理，提升企业管理水平，高度重视工程进度、质量和安全，有效控制和节约项目投资，有序推进技改扩能项目建设，加强现代企业制度建设，优化公司管理层次结构，创新财务管理监控体制，最大限度地发挥企业潜力，把美颜酒业公司打造成全市一流的酒业公司。

请根据以上信息编写一份股东大会会议纪要。

2. 某股份有限公司召开一年一度的股东大会的人数为20人，为了使会议能够顺利召开，作为公司秘书，请你为此次股东大会草拟一个会议筹备方案。

三、案例分析

天地石化股份有限公司股东大会召开会议，讨论从国外引进化工生产设备的问题。秘书小李负责为与会股东准备会议所需的文件资料。因有多家国外公司竞标，所以材料很多。小李由于时间仓促就为每位股东准备了一个文件夹，将所有材料放入文件夹。有三位股东在会前回复说将有事不能参加会议，于是小李就未准备他们的资料。不想，正式开会时其中的二位又赶了回来，结果会上有的股东因没有资料可看而无法发表意见，有的股东面对一大摞资料不知如何找到想看的资料，从而影响了会议的进度。

问题讨论：

如何发放资料才能避免此类事件的发生？

模块2

职 工 会 议

学习目标

1. 掌握企业年会的操办流程和方法
2. 掌握职工代表大会的操办流程和方法

技能目标

1. 能够组织操办企业年会
2. 能够组织操办职工代表大会

任务4 企业年会

案例启示

天地公司年底为表示对客户的谢意，在召开企业年会的同时邀请了客户代表一起联谊，会后共进晚餐。负责接待工作的秘书钟苗根据上司的指示和宴会惯例，安排桌次座位。这次宴会共设3桌，餐厅正面靠墙为主桌，编为1号，靠入口处为2、3号桌，摆成三角形，突出主桌。重要客户在主桌。为方便来宾入席，钟苗特意做了座位名签，并摆在桌上。但由于这次联谊会时间较紧，与会人员名单确定得晚，钟苗在抄写时漏了应安排在主桌的一位重要客户，结果致使该客户入席时找不到座位，出现了十分尴尬的场面。

提问：秘书钟苗安排此次会议时出现了哪些纰漏?

分析：钟苗在安排会议晚宴时，只注意到桌次的正确安排和名签的摆放，但忽略了对人员和名签的核对，致使重要嘉宾未能受到应有的礼遇，给公司的公关工作造成了不良的影响。

任务引入

任务背景：经过紧张的筹备和组织，美颜酒业有限公司参与地区世客会的酒类展销活动顺利结束，龙酒和凤酒提高了知名度，吸引了众多的经销商，达到了预期的目标。此时临近年底，公司决定召开公司年会，盘点参加此次展销活动的成功经验，部署明年的工作任务。年会由分管行政事务的吴经理负责统筹，秘书林路负责组织实施。

任务1：作为秘书，请为此次年会拟写一份策划方案。

任务2：请做好此次年会的会中服务工作。

任务3：年会结束了，请做好会场清理并做好会后结算。

任务分析

企业都非常注重企业文化的建设，以此增强员工的认同感，特别是每年的年终，将全体员工聚在一起，其乐融融地过一个快乐的新春年会，更是大多企业的不二选择。对于秘书林路来说，一旦接受会议筹备的任务，首先就要把握会议的内容、主题和形式，并着手准备以下几项工作：确定会议的时间和地点；确定会议的参加人选；草拟会议日程表；起草会议通知；准备会议资料和各种会议用具。针对企业年会的组织，林路会前要做好年会的策划方案，会中要保证各项活动的顺利进行，会后要做好会议总结等工作。

知识链接

一、企业年会的概念

企业年会是年会形式的一种，是企业通常在每年年末举办的一场活动，在年会中一般会进行一年的工作回顾，总结提高，并为下一年的工作奠定基调，这是企业经营管理必需的活动之一。

二、举办企业年会的目的

通过年会，企业领导者可以对一年工作做一次全面的总结，也可在这样的氛围中，凝聚企业的精神，号召大家团结一致为企业的未来努力工作。每年的年会需要有创新，让员工有新的感受、新的认识，让大家为企业的创新感到自豪，因此，不可以轻率、简单，应付了事，而应该通过企业员工认可的方式，让每年的年会表现出自己的特色，让企业员工乐在其中，让领导者立意其里，这样，企业下一年的经营才有活力。

三、企业年会的类型

企业年会的类型有客户答谢、员工总结、公司总结、公司联谊、年终奖励、公司聚餐等。

四、企业年会的准备

任何事情美满的结局都来自精心的准备。在企业年会准备工作上，应该做好组织准备和物质准备以及相关工作程序方面的准备工作。只有做到未雨绸缪，才可能收到水到渠成的效果。

（一）组织准备

成功举办一场企业年会，首先要成立一个专门的临时小组来具体负责。指定专人成立年会筹备组，召开会议，详细策划年会的事宜，落实工作到专人，落实最后的时间限定、工作进度、特殊情况汇报人等。这样既可以做到分工明确，又可以提高效率。具体而言，首先要确定所举办年会的主题，然后围绕着主题进行一系列的策划。然后确定时间、地点、人物，详细地写在策划书上。最后经领导审核后，付诸实施。

（二）心理准备

在全公司范围营造年会气氛，使大家对年会的理解有一定的准备，包括声势、公司要求、年会倡导、公司精神等。通过海报、邮件、网站等进行宣传，也可以在年会前通过征集公司年会主题、年会标语口号、年会背板等，增强员工的参与热情和关心意识。

（三）人员准备

每个人都要有明确的分工，主要组织人员应该是公司主要领导者，对于年会的相关工作具有决策权，其次要确定分工的具体工作人员，比如，年会创意策划人员需要对年会总的精神和形式做出勾勒；采购人员负责年会的具体采购工作，根据会议所需要的具体内容购买相关物品、年会奖品、会议就餐用品、会议会场用品等；摄影人员为年会负责摄影，包括会议准备期间、会议出发现场期间、会议期间的拍照，大会合影、就餐以及车行活动的场面以及到会议结束的拍照等，要求年会活动结束后统一整理，或制作光盘存档，或整理制作光盘共享，或发与参与者纪念等；会议报道人员负责在会议期间确定采访报道主题，在年会结束后在公司的宣传媒体（网站或报刊）上，报道出公司的年会情况。

（四）物品准备

包括餐饮、道具、车辆等物品配备和注意事宜，按照会中的要求和安排，力求做到每个具体负责的人心中有数，避免在会议期间因准备不足造成混乱，耽搁时间。

（五）住宿准备

每个人的房间分配应该提前一天以邮件形式发给与会者，以使参会人员对自己的房间号码、会议时间安排、议题等心中有数。

五、企业年会的形式

（1）领导发言总结，大家听会，之后进行颁奖、表演、抽奖和会餐活动。

（2）领导大会做全年工作总结，展望明年工作，然后立即转入分会场分组讨论公司热门话题，各分会场拿出讨论材料，在主会场安排专人做报告，之后进行颁奖、表演、抽奖和会餐活动。

现在，公司年会召开形式越来越多样化，有休闲式、拓展式等。

六、企业年会的议程和日程

（一）会议议程

年会是一年工作的总结和鉴定，是来年工作的展望和设想，也是放松心情、凝聚精神、交流沟通的聚会。会议是一个侧重点，娱乐更是年会所必需的，毕竟年会是公司的大事，福利是员工的大事，在年会得到高高兴兴的玩乐、轻轻松松的放松、实实在在的福利才是大多数员工的想法。所以，年会时间应该以一天开会、一天娱乐对开为宜。

企业年会的一般环节包括：①开场仪式；②领导总结及致辞；③为优秀员工颁奖；④节目演出；⑤年会晚宴；⑥幸运抽奖；⑦晚会游戏；⑧谢幕；⑨公司全体员工合影。

（二）会议日程

年会日程表的制作是必需的。要准备列出详细的时间进度表，并且经过论证，保证在年会开始前，让公司每一位参加人员熟知。这是年会成功、准时、有序的保证。

任务实施过程及知识点

一、做好年会预算计划

企业年会有各种不同的类型，有的是答谢客户的，有的是员工总结大会，所以在计划之前需要明确职责任务，不同的会议需要不同的环境，召开企业年会要达到一定的目的。因此第一个重要步骤是收集方方面面的信息，通过收集这些信息才可以制订计划。制订完善的会议计划以确定必须要做的事项，以满足会议的需要并达到会议预期目标。

制定可行预算或按既定预算安排有关工作。通常而言，年会预算包括以下几个方面：

（一）交通费用

（1）出发地至会务地的交通费用。包括航班、铁路、公路、客轮，以及目的地车站、机场、码头至住宿地的交通费用。

（2）会议期间交通费用。主要是会务地交通费用，包括住宿地至会务地的交通费用、会务地到餐饮地点的交通费用、会务地到商务交际场地的交通费用、商务考察交通费用以及其他与会人员可能产生的交通费用。

（3）欢送交通费用及返程交通费用。包括航班、铁路、公路、客轮及住宿地至机场、车站、港口交通费用。

（二）会议室/厅费用

（1）会议场地租金。通常而言，场地的租赁已经包含某些常用设施，譬如激光指示笔、音响系统、桌椅、主席台、白板或者黑板、油性笔、粉笔等，但一些非常规设施并不涵盖在内，比如投影设备、临时性的装饰物、展架等，需要加装非主席台发言线路时也可能需要另外的预算。

（2）会议设施租赁费用。此部分费用主要是租赁一些特殊设备，如投影仪、移动式同声翻译系统、会场展示系统、多媒体系统、摄录设备等，租赁时通常需要支付一定的使用保证金，租赁费用中包括设备的技术支持与维护费用。值得注意的是，在租赁时应对设备的各类功效参数做出具体要求（通常可向专业的会议服务公司咨询，以便获得最适宜的性价比），否则可能影响会议的进行。另外，这些会议设施由于品牌、产地及新旧不同，租赁的价格可能相差较大。

（3）会场布置费用。如果不是特殊要求，此部分费用通常包含在会场租赁费用中。如果有特殊要求，可以与专业的会议服务商协商。

（4）其他支持费用。这些支持通常包括广告及印刷、礼仪、秘书服务、运输与仓储、娱乐保健、媒介、公共关系等。基于这些支持均为临时性质的，如果会议主办方分别寻找这些行业支持的话，其成本费用可能比市场行价要高，如果让专业的会议服务商代理，将获得价格相对比较低廉且服务专业的支持。

对于这些单项服务支持，主办方应尽可能细化各项要求，并单独签订服务协议。

（三）住宿费用

值得注意的是住宿费里面有些价格是完全价格，而有些是需要另外加收政府税金的。对于会议而言，住宿费可能是主要的开支之一。找专业的会议服务商通常能获得较好的折扣。

正常的住宿费除与酒店星级标准、房型等因素有关外，还与客房内开放的服务项目有关——譬如客房内的长途通讯、迷你吧酒水、一次性换洗衣物、互联网、水果小吃等服务是否提供。会议主办方要明确酒店应当关闭或者开放的服务项目及范围。

（四）餐饮费用

会议的餐饮费用可以很简单，也可以很复杂，这取决于会议议程需要及会议目的。

（1）早餐。早餐通常是自助餐，当然也可以采取围桌式就餐，费用按人数计算即可。（但考虑到会议就餐的特殊性及原材料的预备，所以预计就餐人数不得与实际就餐人数相差到15%，否则餐馆有理由拒绝按实际就餐人数结算，而改为按预定人数收取费用）

（2）午餐及晚餐。午餐基本属于正餐，可以采取人数预算——自助餐形式，或按桌预算——围桌式形式。如果主办方希望酒水消费自行采购而非由酒店提供，酒店可能会收取一定数额的服务费用。

(3) 酒水及服务费。通常，如果在高星级酒店餐厅就餐，餐厅是谢绝主办方自行外带酒水消费的，如果可以外带酒水消费，餐厅通常需要加收服务费。在高星级酒店举办会议宴会，通常在基本消费水准的基础上加收 15% 左右的服务费。

(4) 会场茶歇。此项费用基本上是按人数预算的，预算时可提出不同时段茶歇的食物、饮料组合。承办者告知的茶歇价格通常包含服务人员费用，如果主办方需要非程序服务，可能需要额外的预算。通常情况下，茶歇的种类可分为西式与中式两种：西式基本上以咖啡、红茶、西式点心、水果为主，中式则以开水、绿茶或者花茶、果茶、水果、中式点心为主。

(5) 联谊酒会/舞会。事实上，联谊酒会/舞会的预算可能比单独的宴会复杂，宴会只要设定好餐标与规模，预算很容易计算。但酒会/舞会的预算涉及场地与节目支持，其预算可能需要比较长的时间确认。

(6) 其他。点心、水果及调制色酒等。

（五）视听设备费用

除非在室外进行，否则视听设备的费用通常可以忽略。如果为了公共关系效果而不得不在室外进行，视听设备的预算就比较复杂，包括：

(1) 设备本身的租赁费用，通常按天计算。

(2) 设备的运输、安装调试及控制技术人员支持费用，可让会展服务商代理。

(3) 音源：主要是背景音乐及娱乐音乐选择，主办者可自带，也可委托代理。

（六）演员及节目费用

通常可以选定节目后按场次计算，预算金额通常与节目表演难度及参与人数正相关。在适宜地点如果有固定的演出，那预算就很简单，主要与观看表演的人数正相关，专场或包场除外。

（七）杂费

杂费是指年会过程中一些临时性安排产生的费用，包括打印、临时运输及装卸、纪念品、模特与礼仪服务、临时道具、传真及其他通信、快递服务、临时保健、翻译与向导、临时商务用车、汇兑等。杂费的预算很难计划，通常可以在会务费用预算中增列不可预见费用作为机动处理。

二、寻找优化方案

（一）地点选择

选择合适的会议场所，必须依据当地可提供的会议资源状况及该会议的程序、预计的与会人数、与会人员的背景情况以及最重要的会议目的和与会者的偏好等因素综合考虑。

1．按类型划分

商务型酒店：这类酒店无论在外部设计，还是在内部装修，以及可提供的先进通信工具、适合会务的商用场地上（有特定的商务楼层），一般都充分体现了现代商务高效、快捷的内涵。酒店既能接待小型会议，也能接待大型会议，有一个或多个多功能厅，24 小时全天候办公，有较强的服务能力，此外还有中、西式餐厅，各种商店，健身房，游泳池等设施。

度假型酒店：这类酒店一般建在旅游胜地或海边，外部设计、园林规划、内部装修都充分体现了当地特色，集休闲、娱乐于一体。同时随着社会的发展，度假型酒店也能提供相应的会议设施、美食和各种代表地方与季节特色的活动，这些无疑大大方便了会议主办单位。

2．按地理位置划分

中心酒店：在选择位于市中心的酒店时需考虑酒店与机场的距离（包括交通是否拥挤）。如果与会者来自国内或本地区，那么选择这样的酒店是明智的。会议筹划者一般喜欢选择位于理想位置且设施和功能齐全的市中心酒店，这样最为方便。

市郊酒店：对于当地可驱车前往的与会者来说，这类酒店是大受欢迎的。

（二）价格比较

在确定数家会议场所以后，需要同会议场所的销售部门直接联系，进行一个非常详细的报价咨询，予以比较后，从中选择最优方案并加入会议整体计划中，同时需要与一两个会议场所保持联系，以备不时之需。

三、现场考察预订

做好年会预算并联系好几家会议场地后，进行实地考察是十分重要的，考察后再选定场地并提前预订。

会议场所实地考察：视察选定的场所和设施，检查并比较各项设施；协调会务工作人员的活动；根据会议的具体情况，设计并安排会场的布局，细致周到地设计好所有的细节。

会议场所的确定：根据会议的级别，选择会议举办地；根据会议的具体情况，确定是否将会议划分为几个分会场，选择分会场的地点，并提前预约。根据需要，准备会议所需要的所有设备，并提前安放在指定位置；提前调试好设备，并进行演练，确保会议的顺利进行。

四、会议设施准备

在会议开始前需要根据会议的具体情况确定会议设施，此项工作较为烦琐，所以可以列一个表，一条一条核对准备情况。

常见的会议设施：①屏幕；②投影仪（胶片投影仪及多媒体投影仪）；③摄像机；④DVD播放设备；⑤音响；⑥话筒（有线、无线、立式、座式及纽扣麦克风）；⑦激光笔；⑧幻灯机；⑨讲台；⑩舞台；⑪夹纸板；⑫大白板；⑬签到台；⑭名片簿；⑮马克笔；⑯铅笔；⑰信签；⑱会议桌椅；⑲插线板；⑳彩电；㉑横幅；㉒指示牌；㉓告示牌；㉔桌卡；㉕主席台；㉖盆景；㉗鲜花；㉘背景板；㉙隔板；㉚灯光照明设备；㉛同声翻译系统；㉜其他设备。

五、执行预期计划

按照预期计划履行方案，在执行过程中，要做到耐心、细致与周到。在年会执行过程中根据不同形式，需要注意餐饮安排、交通安排、旅游安排、司仪安排、秩序维护、茶歇安排和摄影摄像等事项。

（一）餐饮安排

根据参会人员的喜好，预订各种形式的餐会，包括西餐、中餐、自助餐、宴会等；餐饮安排通常有两种形式：自助餐或者围桌餐。类别有中式、西式及清真系列。统一安排餐饮的会议，对于成本的控制非常重要，自助餐一般可以发餐券控制，很多酒店对于自助餐的开设有就餐人数的要求，可以事先制订餐标及餐谱，严格区分正式代表与随行人员、家属，特殊要求者可以和餐厅协商。

围桌式餐饮安排比较复杂，特别是大型会议的时候。围桌式餐饮安排需要考虑的问题有开餐时间、每桌人数、入餐凭证、同桌者安排、特殊饮食习惯者、酒水种类及付款等。

需要提醒的是，会议前期考察时应注意餐厅及用具的卫生情况，不能让就餐者出现健康问题。如果就餐者无法按时集合就餐，可采取哪桌人数齐了哪桌开席的做法，以保证就餐者的权益。

（二）交通安排

重要的国际性会议、行业大型会议、知名公司全球或者大区会议，通常参与者人数较多，身份层次较高，如果在主办者所在地，车辆调度可能不成问题，如果在异地举办，那么车辆调度就值得好好研究。

通常，异地举办会议基本上委托当地专业机构代理，车辆调度涉及主办方与代理方的沟通，还涉及会议举办地的车源问题。对于主办方，通常只提出用车要求及安排要求，而代理公司则要考虑时间安排、预定的合理车辆数量、行走时间及线路等。

因此，主办方应该提前告诉代理方相对准确的与会者抵达时间、人数、此时间段内抵达客人的身份及车辆使用标准，并告诉代理方如果出现与预告情形不符时希望采取的弥补措施，以及愿意为此承担的代价。

（三）旅游安排

实际上，年会考察或者旅游大都是为嘉宾特别安排的具有公关性质的行为，当然不排除部分行为是真正的商务考察（为获取行业或者相关行业信息而采取的市场调研性质的举措）。

短线旅行旅程很少离会展举办地 500 公里以上，时间不会超过 48 小时（大多数为 24 小时以内）。少数旅程可能超过 1 000 公里以上，时间可以长达一周，甚至可以跨国旅行。此时中介公司的作用就相当于旅行社，将提供线路咨询、线路包价购买、导游、景点票务、交通、住宿餐饮安排、旅游保险购买、落实异地返程票务等服务。

（四）礼仪安排

如果是客户答谢年会，必要的礼仪显得比较温馨，而员工大会则可以较少考虑安排司仪。

礼仪工作一般包括礼仪人员召集、程序分解、简单培训、服装道具准备、礼仪执行等。值得注意的是礼仪人员的文化素质及外语基本技能考察，而不能简单看形体决定是否聘请，另外一点就是礼仪人员的个性是否符合工作要求。各种主题的会议对礼仪的要求不一样，学术性会议、政府性质会议要求礼仪人员的着装比较素雅，不能过于鲜艳抢眼，而销售类会展则需要礼仪人员为企业及产品锦上添花，尽量着装鲜艳，与企业或产品的品质形象要求一致。

（五）秩序维护

对于会议而言，无不希望有良好的秩序。小型会议特别是企业内部会议秩序基本不用控制，但对大型会议来说，秩序的控制就显得很重要。大型会议可以采用代表证或者入场券方式控制，如果需要保密，代表证可以特制，印制有代表的数码身份照片，会场入口设立保安来维护。

（六）茶歇安排

茶歇对于一般的大型会议而言可能不需要，中、小型会议特别是公司或者组织高层会议，会间茶歇是很重要的。茶歇的定义即为会间休息兼气氛调节而设置的小型简易茶话会，当然提供的饮品可能不限于中国茶，点心也不限于是中国点心。通常茶歇的准备包括点心要求、饮品要求、摆饰要求、服务及茶歇开放时间要求等，一般不同时段可以更换不同的饮品、点心组合。大致上茶歇的分类是中式与西式。中式的饮品包括矿泉水、开水、绿茶、花茶、红茶、奶茶、果茶、罐装饮料、微量酒精饮料，点心一般是各类糕点、饼干、袋装食品、时令水果、花式果盘等。西式的饮品一般包括各式咖啡、矿泉水、低度酒精饮料、罐装饮料、红茶、果茶、牛奶、果汁等，点心有蛋糕、甜品、糕点、水果、花式果盘，有的还有中式糕点。

（七）摄影摄像安排

根据会议的级别和要求，需要安排专业的摄影摄像人员对会议进行全程拍摄，拍摄以后还需要考虑是否将影像资料制作成光盘分发给与会代表。

六、会后总结

会后总结是会议成功必不可少的一步，既体现了办会者的优质服务，又能为下一次年会的成功积累经验。其中包括：①会议资料：会议资料的收集和资料的保管；②会议的结算：同会议的各个合作方进行对账结算，开具发票；③通讯录：制作通讯录并发送给参会人员；④总结：对整个会议流程进行详细的总结。

相关范例样本

一、企业年会筹备方案范例

××公司 2016 年会活动策划方案

为了总结回顾 2016 年度各项工作，对 2017 年工作做出安排和部署，表彰年度先进工作者，迎接 2017 年新春佳节的到来，同时增进公司内部员工的沟通交流，促进公司企业文化建设，培养和塑造广大员工的集体荣誉感与使命感，不断增强企业向心力和凝聚力，以及表达公司对员工的关怀与问候，经公司领导研究，决定于春节前举办年会及评选年度优秀员工。

本次年会活动方案策划如下：

一、大会地点：暂定于____________________。

二、宴会地点：暂定于____________________。

注：建议在公司附近的酒店或饭店，便于到达。

三、年会时间拟定于2017 年1 月10 日（暂定），大会时间：15：00—17：00，宴会时间：17：30—20：30。

四、年会参会人员：公司全体员工。

五、年会流程与安排：

1. 15：00　全体参会员工准时到达会议室，大会开始。

2. 董事长、总经理、副总经理致辞。(30 分钟)

3. 15：30　各部门负责人分别做年终述职报告，各部门负责人年终述职完毕，董事长对上述同事的年终述职报告做总结讲话。

4. 16：30　评选优秀员工（采取无记名投票评选，共选出 4 名）。由副总经理公布优秀员工得奖者，总经理颁发优秀员工奖证书，由董事长颁发优秀员工奖奖金。优秀员工得奖者发表得奖感言及与全体员工交流对工作的态度、方向等感受。

附则：建议给予优秀员工奖得主颁发证书及奖金500元。

建议评选优秀员工的基本条件如下：

（1）公司任职满一年以上（含一年）的员工，即从入职日起到2016年12月31日为止工作满一年以上（含一年）的员工。

（2）品行端正，遵纪守法，无违规违纪现象。

（3）良好的个人形象和素养，工作认真负责，吃苦耐劳，刻苦钻研业务知识，熟练掌握本职岗位的服务技能，注重工作质量和效率，工作精益求精并有突出贡献。

（4）爱岗敬业，乐于助人，与同事相处融洽，善于合作，对本职工作兢兢业业，能够起到示范带头作用。

（5）深受甲方企业好评并能为公司树立专业、敬业的良好形象。

（6）遵守公司规章制度，年度病事假不超过三次。

5. 17：20　合影留念。

6. 17：30　全体员工准时抵达指定宴会地点，公司领导、全体员工入席就座。

7. 18：00　公司领导宣布宴会开始，抽奖活动在席间进行或宴会接近尾声进行。

附则：抽奖活动的奖品建议现金奖或实用的奖品。

建议方案一：一等奖为现金300元，共2名；
二等奖为现金200元，共4名；
三等奖为现金100元，共6名；
安慰奖为现金50元。

建议方案二：一等奖为价值300元的小家电，如：电磁炉、电饭煲、豆浆机、电风扇等，共2名；
二等奖为价值200元的手表、旅行包，共4名；
三等奖为价值100元的日用洗刷用品，共6名；
安慰奖为50元的电话充值卡。

8. 20：30　年会圆满结束。

二、企业年会总结范例

××公司年会会务总结

一年中最具有格调的年会终于落下帷幕了，我们心里的一块石头也放下了，连续一周的夜梦随着会场上的情景也淡化了。一个半月前就着手的年会，在全体同仁的共同努力下，取得了圆满的成功，人人都满载而归。而作为会务组织者的我们同时发现自己有了新的提升点并督促自己去做好下一次更具水准的会务工作。因年会的会前及会中我们都有参与，会务工作各个环节都清楚，总结起来有如下几点：

一、会务前期准备定位清晰、分工明确

在准备年会时，我们的定位是举办本年度最有格调、最具品味的会议，因而所有准备工作都围绕着高品质会务来做，保证了整场会务的格调。

对于各个岗位的分工明确，谁主导、谁负责哪块都清晰明了，这样也便于集中力量做最有效的事情。

二、会议中岗位职责明确，但执行不够到位

会务中各个岗位都安排妥当，但是在执行过程中却有脱节。具体情况如下：

1. 场外（一楼指引、签到、代收餐费、门卫）

（1）签到处。把关不严：让非工作人员私自佩戴工作人员牌入场（27日上午）；未经会务总监潘总同意让无关人员进入（27日下午）。对策：明确工作职责，坚守自己的职责。

（2）门卫。脱岗：对于调岗需入场跑麦后的工作交接未及时与总调度协调接班人，导致岗位无人。对策：每个岗位的轮换都需要交接并沟通，确保每个岗位都有人。

2. 场内（主持、指引、跑麦、嘉宾服务）

（1）跑麦。状态不够，反应速度不够快，跑步递麦速度太慢。对策：加强责任心，真正用心去做。

（2）指引。对于会议中主门关闭后从偏门入场人员未验证身份并及时指引，导致有无关人员入场并在后场找人及打电话，严重扰乱会场秩序（28日上午）。对策：对于每一位进场的人员都需要指引，要适当察言观色，做好第二道人员检录。

3. 总调度

（1）会务资料准备不够充分。礼品袋太晚到，导致会务人员开会前忙着装袋，致使部分岗位工作人员只顾装袋而将本岗位工作落下。对策：提前与赞助商沟通，确保装袋前所有的物品到齐，全盘准备好，会前一天开始装袋。

（2）人员调度。加强工作指导，使其更清楚岗位职责。如嘉宾服务岗会前总是找不着人。对策：奖罚结合地强化工作责任心。

三、总体有提升，还需继续努力

本次年会会务整体较之前的年会会务都有所提升，本次最好的一点：职责分明，各人按岗位去做事，执行基本到位。而我们接下去需提升之处就是对执行的完整性提高，所有人能够在会务中扮演好不同角色，同时能够应付自如，在岗位轮换/调换过程中整个会务工作能够顺畅。

要成为会务能手需要对自己、对团队、对组织赋予责任和使命，在实践中不断总结，不断去提升自己各方面的能力，路漫漫其修远兮，吾将上下而求索！

思考与练习

一、问答题

1. 企业年会的类型有哪些?

2. 企业年会的会场布置要考虑哪些因素?

二、实训题

临近年底,不少公司开始筹备年会活动,某外贸公司希望举办年会,对过去一年进行总结,对未来进行展望,公司经理让秘书思妍策划此次年会。请你以思妍的身份,以“超越梦想　再创辉煌”为主题,拟写一份年会策划方案。

三、案例分析

美颜酒业集团举办了一场主题为“从优秀到卓越”的拓展年会,时间为3月19—20日,公司全员300人,本次年会围绕未来企业核心竞争力与发展策略、客户满意与顾客关系新概念,其特色是“年会+拓展+激情盛宴+感恩互动”,项目安排以融入当地人文景观的徒步穿越为主,并穿插拓展的团队合作项目,会议拓展即变为共同参与互动式会议,通过两天的挑战,一支卓越的团队已熔炼成金。

请分析评价此次年会活动。

任务5 职工代表大会

案例启示

庆康公司召开职工代表大会,有数百人参加。听完总经理报告后,在进行分组讨论时却出现了麻烦:有的小组向会务组反映场地太小,座位太少;有的则埋怨分组不合理,效果不佳。一时间会场上七嘴八舌,闹哄哄的。

原来会务工作组在划分小组时打乱了单位编制,按人数平均分配,每组32人,但是会场有大有小。有的小组安排的地方大就显得很空,有的小组安排的地方小就显得很拥挤,有的小组人员之间互相不熟悉,讨论起来就显得放不开,气氛不够热烈,影响了讨论的质量。

案例来源:刘森. 商务秘书实务与训练教程案例集[M]. 成都:西南财经大学出版社,2007.

提问:请根据案例,分析在会议准备阶段秘书应该怎样安排人员和场地?

分析:在职工代表大会准备阶段,首先要考虑人员安排,案例中的会务工作组在划分小组时打乱了单位编制,导致有的小组人员之间互不熟悉,讨论的时候没有达到很好的效果,这是事前没有充分考虑的结果。一般来说,职工代表大会在代表选举前要有代表构成的总体比例，代表选举产生后，分组时应考虑按部门来分组，人数多的部门可以单独组团，人数少的部门可以和其他人数少的部门一起组团。各代表团人数不一定完全一致，但要相近。其次，在会议准备阶段，会务工作组一定要到各会场实地查看，对会场能容纳的人数做到心中有数，以免在选择会场时，出现会场大小与与会人员不相符或者会场大小不适宜等问题。

任务引入

任务背景：美颜酒业有限公司将迎来新一届的职工代表大会，为确保大会各项筹备工作扎实开展，公司决定成立筹备工作领导小组，由分管行政事务的吴经理负责统筹，办公室主任兼行政秘书林路负责组织实施。

任务1：美颜酒业有限公司职工代表大会将于下半年举行，林路作为办公室主任兼行政秘书，请做好会前准备工作。

任务2：请做好此次职工代表大会的会中服务工作。

任务3：职工代表大会结束后，请做好会场清理并回收文件资料，对会议文件进行整理立卷，做好此次职工代表大会的会后总结。

任务分析

职工代表大会是基层企事业单位的重要会议，也是企事业单位职工参与企事业管理的重要民主制度，能否开好这个会，事关广大职工的政治、经济和文化权益。职工代表大会参加人数较多，内容复杂，持续时间较长，且解决的问题十分重要，需要把大会的召开当作一个系统工程，通过加强和规范程序控制，来达到使会议顺利进行和提高质量与效率的目的。

召开职工代表大会的筹备工作主要包括：①建立和筹备工作的领导与工作机构；②制定和完善筹备工作方案；③做出召开职工代表大会的安排意见；④大力营造召开职工代表大会的良好氛围；⑤组织选好职工代表；⑥广泛地进行职代会提案的征集与处理；⑦确定好职工代表大会的议题；⑧精心地组织准备大会文件材料；⑨扎实地做好大会的会务准备；⑩开好职工代表大会的预备会议。

职工代表大会的正式召开主要包括：①规范职工代表大会的程序；②庄严职工代表大会的开幕与闭幕；③行使好职工代表大会的各项职权；④积极开展对职工代表的培训；⑤做好大会文件归档和向上级报告工作；⑥落实好职工代表大会的各项决议；⑦继续做好职工代表大会闭会期间的工作。

就秘书工作而言，涉及的具体工作包括：①会议的准备工作：拟写会议筹备方案、准备会议文件资料、拟写和发放会议通知、布置会场、安排报到；②会议期间的工作：接待来宾、安排签到、会议期间的协调工作；③会后的工作：清理会场、会议资料归档。

知识链接

一、职工代表大会概念

职工代表大会是企业实行民主管理的基本形式，是职工行使民主管理权力的机构。

二、职工代表大会相关制度

职工代表大会的工作制度，是职工代表大会进行活动的规范性规定，既属于各企业制定的职代会条例实施细则的内容，又具有相对的独立性，主要有以下两个制度：

（一）民主管理联席会议制度

（1）民主管理联席会议每季召开一次，由工会主席主持，由工会委员、各专门委员会负责人、各代表组长（车间工会主席）参加。

（2）根据会议内容及需要，可邀请党政负责人或其他有关人员参加，协商处理，并向下一次职工代表大会报告予以确认。

（二）职工代表提案（意见）处理制度

（1）征集提案，要结合职代会工作进行，企业每半年征集一次。

（2）凡征集的提案，由工会负责分类整理。建立提案卡，交有关领导或部门认真研究处理和解答。

（3）领导对提案解答处理的期限，从接到提案之日起，不得超过三十天。处理意见要通过会议或提案卡反馈形式与职工代表见面后归档。

三、职工代表大会的作用

（一）统一员工思想

按照惯例，每届职工代表大会上行政领导都要做行政工作报告，对往年的工作做全面总结，对本年度的工作进行安排。这一过程，对于领导来说，是总结成绩、寻找差距、提出目标的过程。对于员工来说，过去的一年，本部门做过哪些振奋人心的事情，工作中还有什么不足，本年度将有哪些新的思路和举措，都可以通过职工代表大会向职工代表宣传，职工代表回去后向职工宣传，这样就起到了统一员工思想的作用。

（二）增强民主管理

在召开职工代表大会前都要收集提案，在开会时组织职工代表讨论。这一过程，其实就是采集群众意见、增强民主管理的过程，也是收集合理化建议的过程。对于领导决策、改进工作方法、创新工作思路，无疑会起到十分重要的作用。

（三）加强班子建设

一个集体的工作如何，是否创新，是否有效益，班子的素质和工作业绩非常重要。班子建设除了班子自身的业务素质和工作能力、工作方法之外，群众的监督至关重要。在历届职代会上，职工代表都要对班子进行民主考评，这无疑会对班子起到鞭策和激励作用。

（四）加快依法管理的进程

一流的管理是用文化来管理，而衡量文化管理最重要的一条就是规章制度是否健全，领导是不是在依法治理。规章制度的健全是一个循序渐进的过程，是一个不断完善和改进的过程。任何一项制度的出台，都应在职工代表大会上表决通过才能生效。在职工代表大会的进程中，好的制度得以继承和完善，不适应的规章制度将被废除。

（五）财务管理规范化

职工代表大会有一项重要内容是财务预决算报告，由分管财务的负责人向职代会公布财务收支情况、业务招待费使用情况。这样就无形中增强了财务管理人员规范管理财务的自觉性。

任务实施过程及知识点

一、会议的准备工作

（一）拟写会议筹备方案

拟写方案是会议工作的重要一环，它是整个会议实务的操作指南。有了它，会议组织工作才有可能做到有条不紊、分工明确、各司其职，最终取得圆满的结果。会议筹备方案主要有以下内容：

1. 确定会议的主题

会议的主题就是为什么要开这个会，要达到的目的是什么。确定主题的主要方法是：一要有切实的依据；二要结合本单位的实际；三要有明确的目的。

2. 确定大会的主要任务

职工代表大会的主要任务是：企事业单位领导做工作报告，职工代表审议企业改革方案、财务报告、生产经营重大问题的决策方案，并提出意见和建议；职工代表审查同意或否决工资调整方案、奖金分配方案、劳动保护措施、奖惩办法、重要的规章制度和集体合同方案；职工代表审议决定涉及职工生活福利的重大事项；职工代表评议和监督企事业单位的领导干部，评议企业业务招待费使用情况和企业领导人员个人廉洁自律情况报告；依照有关规定，职工代表选举企事业单位的领导人员，选举参加董事会、监事会和平等协商的职工代表；职工代表检查职工代表大会决议的执行情况。

3. 确定会议的议程

会议的议程是会议讨论事项按照怎样的程序进行，哪个议题放在第一位讨论，哪个议题放在第二位讨论，也就是议定事项的程序。会议的议程如同轨道，可以令会议在预定的方向上有步骤、有计划地进行，所以议程的内容十分重要。会议主持人要根据议程主持会议。拟定会议议程是秘书的职责，通常由秘书拟写议程草稿，交上司批准。职工代表大会的主要程序一般包括：

（1）大会执行主席核实出席大会的职工代表人数。到会职工代表人数超过代表总数的三分之二，即可宣布开会。开幕词应简要讲清本次大会的目的、意义、中心议题和主要任务。此后宣布大会议程。应当注意会前正式通知职工代表，企业行政方面应安排好生产、工作，保证代表的出席率。职工代表有特殊情况不能出席会议的，应向代表团（组）长请假。

（2）由企业领导人做工作报告。报告主要内容应包括生产经营管理情况、存在的问题及改进措施、企业发展计划、基本建设和重大技术改造方案，以及有关改善职工生活福利的情况等。如工作报告已事先发给代表进行过充分讨论，可针对职工代表提出的意见，做出说明。

（3）由企业行政有关负责人做专题议案的报告。凡提交职工代表大会审查或审议的方案，均应由行政有关负责人向大会报告，说明制定的依据、目的和具体实施办法，也可针对职工代表对议案的意见，做出说明。

（4）由工会主席及职工代表大会专门小组负责人就上次职工代表大会决议落实情况、职工代表提案处理情况、集体合同执行情况等向大会做出报告。

（5）企业工会主席就职工代表大会闭会期间，职工代表团（组）长和专门小组负责人联席会议处理的重大事项，向大会做出说明，提请大会确认。

（6）以职工代表团（组）为单位，就以上报告、议案分组进行讨论。同时对大会的各项决议草案和需经大会选举的候选人进行酝酿。大会主席团成员分别参加本代表团（组）的讨论。

（7）各代表团（组）应指定专人认真记录职工代表的讨论发言，整理归纳后，将讨论意见向主席团汇报。

（8）大会发言。应安排时间让代表在大会上发言，可由各代表团（组）推选代表，在大会上陈述本团（组）讨论审议的意见和建议，也可让职工代表自由发言。

（9）选举。根据有关决定和实际需要，选举参加董事会、监事会、劳动争议调解委员会的职工代表，参加工资协商的职工代表和企业领导人等；根据大会主席团的提名，表决通过职工代表大会专门小组的人选；表决通过其他需经职工代表大会选举的人员。

（10）对有关的各项方案和大会决议、决定草案进行表决。

（11）致闭幕词，宣布大会结束。

4. 确定大会代表和条件、构成及产生程序

（1）职工代表产生的条件和比例。

①职工代表产生的条件。《职工代表大会条例》规定：按照法律规定享有政治权利的企业职工，均可当选为职工代表。职工代表要具有一定的政治觉悟和政策水平；具有一定的业务技术知识和管理能力；要做好本职工作，有较强的责任感；要关心集体、遵守纪律、联系群众、办事公正；在职工群众中具有一定的威信等。

②职工代表产生的比例。《职工代表大会条例》规定：职工人数为1 000～1 500人的企业职工代表一般应为10%左右；超过1 500人的企业可适当缩小比例；不足1 000人的企业可适当增加比例；100人以下的企业一般实行职工大会制度，职工工作地点分散或连续作业，不便于召开职工大会的，也可以实行职工代表大会制度；职工人数较少的企业，职工代表不得少于30人；其中一线职工应占职工代表人数总数的50%以上；中层以上行政领导人员一般为职工代表总数的五分之一；女职工和青年职工代表的比例，应与其在企业职工整体结构中的比例相适应。

（2）职工代表的选举程序。

选举职工代表应根据《职工代表大会条例》拟订名额分配办法和选举方案，经职工代表大会主席团或职工代表大会筹备领导机构讨论审定后，由企业工会组织主持选举。职工代表的选举产生一般要经过制订选举方案、进行宣传发动、推荐职工代表的候选人、直接选举职工代表、职工代表资格审查、组成各代表团（组）等若干步骤，其具体内容和做法是：①制订选举方案。要根据企业的职工人数和行政单位的设置状况，确定职工代表的总数及名额的分配办法，并根据企业的实际情况按班组或分厂、车间划分选区，制订具体选举办法。②进行宣传发动。企业工会要组织做好宣传发动工作。要对职工代表大会的性质、意义和职权，以及职工代表的权利和义务等方面进行广泛的宣传，使广大职工充分认识组织选好职工代表的重要性并以高度负责的态度积极参与。③推荐职工代表的候选人。在组织宣传发动的基础上，以选区为单位，充分发扬民主，积极推荐职工代表的候选人。④直接选举职工代表。各选区按照分配的代表名额，直接选举产生职工代表。选举的方式，一般采用无记名方式差额选举，也可采用举手表决的方式。大型企业、集团可以在分厂或车间职工代表大会的职工代表中推选产生企业职工代表大会的职工代表。对厂级领导应分到选区，以普通职工的身份参加选举。⑤职工代表资格审查。由职工代表资格审查委员会（小组）对选出的职工代表进行资格审查。审查的内容主要是：选出的职工代表是否是享有政治权利的本企业职工；选举过程中是否严格按照民主程序，是否存在不正当的竞选行为等。对不符合规定的，应取消其代表资格。⑥组成各代表团（组）。职工代表选出后，应按选举单位的行政隶属关系，组成代表团（组），选举产生代表团（组）长。

5. 确定会议的日期和时间

会议召开的日期选择是否恰当，也是会议能否成功的一个重要条件。先要考虑公司主要领导、主管领导和主持人时间的安排。在上司出差返回的当天尽量不安排重要会议。有外部人员参加的会议，要考虑邀请的有关上级领导和嘉宾能否到会。要考虑本公司生产经

营的规律，尽量避免在生产销售的旺季和忙时召开牵涉人员多、时间长的会议。另外，安排会议议题应集中，日程安排应比较紧凑，尽量缩短时间。会议连续进行的最佳时间是3小时之内，超过这一限度，会议效果呈下降趋势。安排会议时间要考虑人的生理规律，一般上午8：00—11：00，下午2：30—4：30，人的办事效率较高。

6. 确定会议的日程

会议的日程是指一整天以上会期的中长会议对每天时间的安排。采用表格形式，将会议时间分别固定在每天上午、下午、晚上三个时间段里，使与会者对整个会议的时间安排一目了然。会议日程表要随会议的其他文件资料一起放在会议文件袋里发给与会者。会议日程表的制作要明确具体、准确无误。

7. 组建会务工作筹备机构

职工代表大会的会务工作较为繁重，不可能由一两人完成，这就需要组建会务工作筹备机构。

（1）筹备工作领导小组。

在会前成立职工代表大会筹备工作领导小组，在党组织的统一领导下，具体负责筹备工作，筹备工作中的重大问题必须经工会委员会和联席会议集体讨论决定，并报送同级党委审批。

（2）筹备工作机构。

根据工作需要，筹备领导小组下面可设立若干工作小组，如代表资格审查组、组织秘书组、宣传会务组等，负责大会的事务工作，具体如下：

①代表资格审查组。工作人员一般由组织、人事、劳资、团委、工会等人员组成，组长由工会负责同志担任。主要任务是按照选举办法，审查选举的程序和代表的合法性。

②组织秘书组。工作人员一般由工会、党组织办公室、行政办公室等人员组成，组长由工会负责同志担任。主要任务是做好大会的组织工作和文件的起草工作。

③宣传会务组。工作人员一般由工会、党组织宣传部等人员组成，组长由工会负责同志担任。主要任务是负责会前、会议期间、会后的宣传教育工作，负责大会的会务工作。

各组负责一个部分的会务，每部分的工作经过细化之后，再分配到每个小组成员的头上。

8. 提出会议预算

会议的经费预算主要包括以下内容：①文件资料费：包括文件资料、文件袋、证件票卡的印刷、制作等开支。②通信费用：发会议通知、发电报、传真、打电话等进行会议联络所需的费用；如果召开电视电话等远程会议，则使用有关会议设备系统的费用也应计算在内。③会议设备和用品费：如各种会议设备的购置和租用费用。④会议场所租用费：如会议室、大会会场的租金，以及其他会议活动场所的租金。⑤会议办公费：如会议所需办公用品的支出费用，会场布置等所需要的费用。⑥会议宣传公关费：如现场摄像的费用，与有关协作各方交际的费用。⑦会议伙食补贴：通常由主办单位对会议伙食补贴一部分，由与会者承担一部分。⑧会议其他开支：会议经常会有一些不可预见的开支出现，做预算时要留有余地，以免出现费用不够的情况。

（二）呈报职代会安排的请示及批复

（1）向同级党组织或上级工会呈报关于本次职工代表大会安排的请示。职工代表大会筹备工作方案一经工会委员会、代表团（组）长和专门工作小组（委员会）负责人联席会议通过后，应及时向同级党组织和上级工会呈报《关于第×届×次职工代表大会安排的请示》。

请示的主要内容包括：职工代表大会的议程、大会代表的产生和比例、大会的时间安排、组织机构、职代会专门工作委员会的设置、选举方法、会议时间等。

（2）同级党组织或上级工会对呈报大会安排请示的批复。同级党组织或上级工会收到基层工会《关于第×届×次职工代表大会安排的请示》，经党组织或上级工会讨论同意，下发批复文件。

（3）根据批复精神做出本次大会的安排意见。基层工会在收到同级党组织和上级工会批复意见后，应根据批复精神，做出《关于第×届×次职工代表大会的安排意见》。主要内容应包括：①职工代表大会和组织领导；②职工代表的比例构成；③职工代表大会的议题；④职工代表大会的时间安排；⑤对各级工会组织开好职工代表大会提出的具体要求。

二、会议期间的工作

在职工代表大会的进行期间，会议组织者的工作能力将经受严格的考验，秘书必须要仔细检查，才能保证自己良好地执行所有为会议而制订的周密计划。会议进行期间主要有以下工作：

（一）接待会议来宾

作为比较正式的大型会议，与会者中往往有一些重要的来宾出席，迎接会议成员或来宾是会议组织中表达良好意愿的重要表现。接待来宾不仅仅限于在会议入口处签到，还需要将一些重要来宾迎入休息室，并热情地让宾客相互介绍，陪同他们一起进入会议室。如果宾客众多，可以先引导他们进入衣帽间，再引导至签到处，最后陪同进入会场。

（二）与会者签到

了解与会者到会的情况，除了报到时进行报到登记外，在正式开会进入会场时往往还要进行一次签到。这样可以了解与会者是否真正到会。特别是有些重要的法定性的会议，需要达到一定人数，会议的表决才有效时，签到就显得尤其重要了。签到的方法有电子签到和手工签到两种。

（三）会议期间的协调工作

会议正式开始后，会议的主体是会议主席和与会者，但秘书作为会议的组织者还要做很多协调工作。这些工作有：①为大会的负责人、会议主持人或其他与会者处理他们提出的特殊要求；②为会议的录音、摄像工作做好技术保障；③根据报到表印发与会者的通讯录；④收集大会的新闻消息，打印成简报，并将简报分发给与会者；⑤复印会议文件资料。

（四）职工代表大会正式会议的程序

（1）宣布开会，大会执行主席核实出席大会的职工代表人数（到会职工代表人数超过代表总数的三分之二可宣布开会）。

（2）全体起立，唱国歌，致开幕词。

（3）由总经理做工作报告。

（4）由行政有关负责人做职工提案处理情况的报告。

（5）由工会主席及职工代表大会专门小组负责人就上次职代会决议落实情况、集体合同执行情况、工资集体协商情况等向大会做出报告。

（6）以职工代表团（组）为单位，就以上报告、议案分组进行讨论。

（7）大会发言。应安排时间让职工代表在大会上发言，可由各代表团（组）推选代表，在大会上陈述本团（组）讨论审议的意见和建议，也可让职工代表书面发言。

（8）讨论通过大会决议（审议通过集体合同、工资协议时应宣读全文）。

（9）上级领导讲话。

（10）致闭幕词，全体起立，唱国歌，宣布大会闭幕。

三、会后的工作

大会结束后，秘书要做好收尾工作，不可因为会场上的会议结束了就放松警惕，要适时做好善后工作，让会议善始善终，圆满落幕。会议结束后需要进行的工作有：

（一）清理会场

会议结束后，与会者纷纷退场，当会议人员都离开现场之后，会议的组织者就要与工作人员一同进行会议现场的清理工作。

（1）清理会议现场及各个房间遗留的与会议有关的文件资料。因会议文件多属草稿性质或参考性质，并带有保密性，所以会议文件在会后一般应收回，不宜长期存放在个人手里，以免遗失泄密。

（2）收回会议现场的一些布置物品，如横幅等。

（3）关闭会议现场的视听设备，督促会议现场的工作人员将其收好。

（4）退还现场租借的物品和材料。

（二）结清会议账目

会议结束后，需要尽快进行的工作就是将各种工作支出的费用结清，如落实租借设备的费用和购买供应品的费用。

（三）会议资料归档

职工代表大会闭幕后，应及时将文件材料整理归档，建立起一套系统完整的档案。一是要做好文件材料的收集整理，进行整理归类；二是要立卷归档，确保材料完整无缺。建档的主要内容如下：

（1）有关职工代表大会工作的上级文件。

（2）本届职工代表登记表和花名册，代表团（组）、专门小组等机构设置、人员安排及其变更情况。

（3）本次职工代表大会的工作报告、会议记录等。

（4）本次职工代表大会提案征集、处理的资料。

（5）其他应保存的材料和资料。

职工代表大会结束后，工会要尽快写出大会情况报告，一式两份报送上级工会备案。

相关范例样本

××学院第三届教职工代表大会筹备工作方案

一、大会主题

高举中国特色社会主义伟大旗帜，以党的十八大精神为指导，全面贯彻落实科学发展观，在校党委的领导下，紧紧围绕学校中心工作，团结动员广大教职工以主人翁精神投身到学校各项工作中，坚持科学发展，努力建设全国高水平民办大学。

二、大会任务

听取、审议校长工作报告；按照科学发展观的要求，研究学校发展中的突出问题；讨论学校“十三五”发展规划；审议学校工会工作报告；选举产生学校工会委员会和教职工代表大会各专门工作委员会。

三、大会主要议题

1. 听取审议校长工作报告。

2. 讨论审议《××学院“十三五”发展规划》。

3. 讨论审议《××学院教职工代表大会实施细则》。

4. 讨论审议《××学院工会工作条例》。

5. 关于教职工提案的工作报告。

6. 讨论学校发展中的突出问题，为学习实践科学发展观活动建言献策。

7. 选举产生××学院工会委员会、工会女职工委员会、工会经费审查委员会。

8. 选举产生教职工代表大会提案工作委员会、教学与科研工作委员会、民主评议干部工作委员会、生活福利工作委员会。

四、大会代表产生办法、规模和条件

1. 教职工代表由各基层单位工会组织教职工选举产生，选举出的代表具有教职工代表和工会会员双重身份。代表实行常任制，任期三年。代表原则上以基层工会为单位组成代表团，代表人数较少的单位可组成联合代表团，每个代表团推选团长、副团长各一人。

2. 代表原则上按学校教职工总数的12%确定（兼职教师除外）。代表构成要照顾各方面的代表性，保证教学科研方面的代表不少于代表总数的60%，女职工代表不少于代表总数的30%，中青年教职工代表不少于代表总数的70%。同时应考虑民主党派和“三胞”代表。各基层工会组织负责人一般应选为教职工代表大会代表。

3. 校领导和校工会主席分别参加基层单位选举，不占所在单位代表名额。根据需要，没有被选为代表的单位和部门主要负责人，可作为列席代表。同时可邀请部分市级以上先进模范人物，离退休老领导、教师、工会主席作为特邀代表。

4. 教职工代表的条件：

（1）拥护党的方针、政策，忠诚教育事业。

（2）爱岗敬业，职业道德高尚，工作业绩突出。

（3）具有较强的参政、议政能力。

（4）密切联系群众，能如实反映群众的正确意见和要求。

（5）遵纪守法，作风正派，办事公道。

五、成立第三届教职工代表大会筹备委员会

主　任：余　毅　邓宗琦

副主任：高长舒　柳菊兴　余新民　李斌成　蔡旭红（常务）

委　员：叶长明　甄新华　刘学民　朱祖襄　余泽高

朱定强　吴柏春　许耀才　丁德源　邢连义

孔德文　杨一丰　张寿德　高长松　余汉兵

刘学贵　邱建洲　杨海林　许宝群　陈丽华

黄利平　范素萍　张德珺　李世兴　汪　明

姚贤民　谭玉春　王　龙

筹备委员会下设五个工作组：

1. 代表资格审查组

组　长：叶长明

组　员：姚晓菊　谭学锋

职　责：

（1）拟定代表人数及分配。

（2）根据条件审查代表资格，组织填写代表登记表。

（3）在预备会上做出书面报告。

（4）发放代表证。

2．提案组

组　长：黄学忠　孔德文

组　员：左　芬　尹承梅

职　责：

(1) 组织和征集提案。

(2) 审理各代表团初审的提案。

(3) 检查提案的落实，督促承办单位认真办理提案，及时向提案人答复、通报并征集提案人对处理结果的意见。

(4) 向教代会做关于提案征集、审理及落实情况的报告。

(5) 评选优秀提案。

3．秘书组

组　长：刘学民

组　员：余汉兵　张重阳　张连军　李　鑫

职　责：

(1) 整理起草学校工作报告、工会工作报告、开幕词、闭幕词、主持词、上级领导讲话、通过的决议等材料。

(2) 收交大会所有材料，并打印、装订、分发，做好会后材料的整理入档工作。

4．宣传组

组　长：丁德源

组　员：赵　敏　杨卫平　杜　雪

职　责：

(1) 负责横幅制作、会标及会场门口标语。

(2) 负责会议期间的舆论宣传工作，及时发布会议信息，下发各类通知，组织录音、摄影摄像等。

5．会务组

组　长：蔡旭红

副组长：刘学民　朱定强　邢连义

组　员：张寿德　高长松　孔　靓　汤三舟　张　勇

职　责：

(1) 负责大会组织协调工作。

(2) 会议所需物品的准备与供应。

(3) 会场布置工作。

(4) 供应主席团及代表饮水。

(5) 负责会议的安全与保卫工作。

思考与练习

一、问答题

1. 企业职工代表大会的议程主要有哪些?

2. 企业职工代表大会的常设机构有哪些?

二、实训题

学校将举行教职工代表大会，请通过与学校相关部门联系、上网查找资料来了解教职工代表大会的筹备工作内容，拟写一个筹备方案。

三、案例分析

一个国有超级大型企业下的子公司，因企业的发展需要刚刚重组，其前身是一个发展海洋事业的部门，后来与它一个上游单位和一个下游单位重组成为一个新的子公司。该子公司已成立近一月，现在子公司要举行2016年的工作会议和职代会及党代会，同时要对2015年先进员工进行表彰，对重组前的单位负责人进行测评，经领导讨论，决定五会合一。

目前，领导决定由办公室主任负责这次会务，办公室主任是原来该部门负责人力资源的负责人，并为这次会议组成一个临时的项目组，办公室主任为临时的项目经理，他目前可协调的资源是重组进来的单位的会务人员，以及办公室内部的资源。

正当办公室主任踌躇满志的时候，问题接踵而至：党代会他定不下来，会议材料党办主任已经熬了五个通宵，领导仍然不满意；自己组织起草的职代会报告也被打回来重写，领导说没有打开思维，不切合重组后的现状，其中原因是办公室主任对重组进来的领域还很陌生；测评会的发言稿也让领导不满意，说是不符合上级的精神；目前会务筹备遇到严重问题，许多事情无论大小都得请示领导，因为谁也不敢擅自做主，怕触碰到重组的敏感神经，从排名、住宿、排座次等都遇到了麻烦：级别不清、排名先后不明等。最让他不能容忍的是，重组入单位的领导总是说他的策划有问题，并总在他请示错在哪里时指出一大堆存在的事实，他的自信心受到了很大打击。目前，离开会还有四天，职工代表将提前一天进酒店住宿，所有工作千头万绪，办公室主任实在想不出好的办法来解决，尽管他请求领导协调了资源，并对工作进行了分配，但分配的工作还是堆到自己这里来了，他感到心力交瘁。

请问：这位办公室主任应该怎么办?

模块 3

对外交流会议

学习目标

1. 掌握商务洽谈会的操办流程和方法
2. 掌握客户联谊会的操办流程和方法

技能目标

1. 能够组织操办商务洽谈会
2. 能够组织操办客户联谊会

任务 6 商务洽谈会

案例启示

广筑公司准备在本市的黎明大厦会议室与惠鹏公司进行商务谈判。总经理让秘书刘小姐负责安排，会上要放映资料视频，进行产品操作演示。而公司没有放映机，会谈时间是6日上午10：30。刘小姐打电话给租赁公司，要求租赁公司在6日上午10：20必须准时把放映机送到黎明大厦的会议厅。

6日上午，会议开幕前，广筑公司的秘书们正在紧张地做着最后的准备工作。刘小姐一看表，哎呀，已经10：25了，放映机还没送到。刘小姐马上打电话去问，对方回答机器已送出。眼看着谈判就要开始了，刘小姐心急如焚……

分析：商务洽谈会议的组织和筹备非常重要，作为秘书人员，在会前一定要做好周密的部署和安排，案例中，谈判时间是10：30，刘小姐应提前一至两个小时或提前一天把放映机租借回来，这样既能保证会谈设施的及时到位，又有充足时间进行设备的调试，保证会谈的顺利进行。

任务引入

任务背景：美颜酒业有限公司正组织参与地区世客会展销活动，推出参加世客会产品龙酒和凤酒，正寻找广告公司为其设计产品包装，广州市三野广告公司前来洽谈。

任务：作为总经理助理及行政秘书，林路被上级安排负责此次商务洽谈会的操办。

任务分析

商务洽谈会是指不同的经济实体各方为了自身的经济利益和满足对方的需要，通过沟通、协商、妥协、合作、策略等方式，把可能的商机确定下来的活动过程。

作为秘书人员，在会谈中需辅助总经理及谈判人员做好信息收集、拟订谈判计划、布置谈判现场、做好谈判记录、整理会场、草拟合同。

知识链接

一、商务洽谈会的概念

商务洽谈会是指在商务交往中，存在着某种关系的有关各方，为了保持接触、建立联系、进行合作、达成交易、拟定协议、签署合同、要求索赔，或是为了处理争端、消除分歧、达成一致而坐在一起进行的面对面的交流与协商的会议形式。洽谈会又称磋商会或谈判会。

二、商务洽谈会的种类

根据商务洽谈会举行的地点不同，洽谈会可以分成客座洽谈会、主座洽谈会、客主座轮流洽谈会和第三方地点洽谈会。

（1）客座洽谈会，即在洽谈对手所在地进行的洽谈。

（2）主座洽谈会，即在我方所在地进行的洽谈。

（3）客主座轮流洽谈会，即在洽谈双方所在地轮流进行的洽谈。

（4）第三方地点洽谈会，即在不属于洽谈双方任何一方的地点进行的洽谈。

三、商务洽谈的过程

商务洽谈的过程可以划分为准备阶段、开局阶段、摸底阶段、磋商阶段、成交阶段和协议后阶段等几个基本阶段。

（一）准备阶段

准备阶段是指洽谈正式开始以前的阶段，其主要任务是进行环境调查、搜集相关情报、选择洽谈对象、制订洽谈方案与计划、组织洽谈人员、建立与对方的关系等。准备阶段是商务洽谈最重要的阶段之一，良好的洽谈准备有助于增强洽谈的实力，建立良好的关系，影响对方的期望，为洽谈的进行和成功创造良好的条件。

（二）开局阶段

开局阶段是指洽谈开始以后到实质性洽谈开始之前的阶段，是洽谈的前奏和铺垫。虽然这个阶段不长，但它在整个洽谈过程中起着非常关键的作用，它为洽谈奠定了一个好的氛围和格局，影响和制约着以后洽谈的进行。因为这是洽谈双方的首次正式亮相和洽谈实力的首次较量，直接关系到洽谈的主动权。开局阶段的主要任务是建立良好的第一印象、创造合适的洽谈气氛、谋求有利的洽谈地位等。

（三）摸底阶段

摸底阶段是指实质性洽谈开始后到报价之前的阶段。在这个阶段，洽谈双方通常会交流各自洽谈的意图和想法，试探对方的需求和虚实，协商洽谈的具体方程，进行洽谈情况的审核与倡议，并首次对双方无争议的问题达成一致，同时评估报价和讨价还价的形势，为其做好准备。摸底阶段，虽然不能直接决定洽谈的结果，但是它却关系着双方对最关键问题（价格）洽谈的成效；同时，在此过程中，双方通过互相的摸底，也在不断调整自己的洽谈期望与策略。

（四）磋商阶段

磋商阶段是指一方报价以后至成交之前的阶段，是整个洽谈的核心阶段，也是洽谈中最艰难的。这个阶段有着洽谈策略与技巧运用的集中体现，直接决定着洽谈的结果。它包括了报价、讨价、还价、要求、抗争、异议处理、压力与反压力、僵局处理、让步等诸多活动和任务。磋商阶段与摸底阶段往往不是截然分开的，而是相互交织在一起的，即双方如果在价格问题上暂时谈不拢，又会回到其他问题继续洽谈，再次进行摸底，直至最后攻克价格这个堡垒。

（五）成交阶段

成交阶段是指双方在主要交易条件基本达成一致以后，到协议签订完毕的阶段。成交阶段的开始，并不代表洽谈双方的所有问题都已解决，而是指提出成交的时机已经到了。实际上，这个阶段双方往往需要对价格及主要交易条件进行最后的洽谈和确认，但是此时双方的利益分歧已经不大了，可以提出成交了。成交阶段的主要任务是对前期洽谈进行总结回顾，进行最后的报价和让步，促使成交，拟订合同条款及对合同进行审核与签订等。

（六）协议后阶段

合同的签订代表着洽谈告一段落，但并不意味着洽谈活动的完结，洽谈的真正目的不是签订合同，而是履行合同。因此，合同签订后的阶段也是洽谈过程的重要组成部分。该阶段的主要任务是对洽谈进行总结和资料管理，确保合同的履行与维护双方的关系。

四、洽谈目标的确定

洽谈目标是指洽谈要达到的具体目标，它指明企业的洽谈方向和要达到的目的以及对洽谈的期望水平。确定正确的洽谈目标是保证洽谈成功的基础。

洽谈的目标可以分为三个层次：

1. 最低限度目标

最低限度目标是洽谈者必须达到的目标。对于洽谈者来说，这个必须达到的目标是毫无讨价还价余地的，宁可洽谈破裂也不会放弃这个最低限度的目标。这也是洽谈一方撤出洽谈的最后防线。

最低限度目标是洽谈者根据自身主观和客观的多种因素，合理制定的最低利益标准，它不是临阵得来的，必须经过多方论证。其确定不仅可以为洽谈创造良好的应变心理环境和思想准备，还为洽谈双方提出了可供选择的突破方向和成功契机。

2. 可接受目标

可接受目标是洽谈人员根据各种主、客观因素，经过对洽谈对手的全面估价，对企业利益的全面考虑、科学论证后所确定的目标。这个目标是一个区间或范围，己方可努力争取或做出让步的范围，洽谈中的讨价还价就是在争取实现可接受的目标，所以可接受的目标的实现，往往意味着洽谈取得成功。这也是洽谈双方坚守的主要防线。

3. 最优期望目标

在洽谈中，最优期望目标是指对洽谈者最有利的一种理想目标。它在满足某方实际需求的利益之外，还有一个额外的增加值，是可望不可即的理想点，实现的可能性较小。因为洽谈是各方利益互相兼顾和重新分配的过程，没有人会心甘情愿地拱手把全部利益让给他人。这种顶线目标又被洽谈行家们称为“乐于达成的目标”，老练的洽谈者在必要时会放弃这一目标。当然这并不意味着顶线目标在洽谈桌上没有什么作用。最优期望目标往往是洽谈开始时讨价还价的起点，也可能起点会高于顶线目标，这是洽谈者常用的策略。“喊价要狠”，以顶线目标或高于顶线目标为起点切入洽谈会使自己处于十分有利的位置。

洽谈目标的确定是一个非常关键的工作。首先，不能盲目乐观地将全部精力放在争取最优期望目标上，而很少考虑洽谈过程中会出现的种种困难，造成束手无策的被动局面。洽谈目标要有一点弹性，定出上、中、下限目标，根据洽谈实际情况随机应变、调整目标。其次，所谓最优期望目标不仅有一个，可能同时有几个目标，在这种情况下就要将各个目标进行排队，抓住最重要的目标努力实现，而其他次要目标可让步，降低要求。最后，己方最低限度目标要严格保密，除参加洽谈的己方人员之外，绝对不可透露给洽谈对手，这是商业机密。如果一旦疏忽大意透露出己方最低限度目标，就会使对方主动出击，使己方陷于被动。

五、商务洽谈的策略

洽谈目标明确了以后，就要确定实现这些目标所采取的基本途径和策略。洽谈策略包括开局策略、报价策略、磋商策略、成交策略、让步策略、打破僵局策略、进攻策略、防守策略、语言策略等，要根据洽谈过程可能出现的情况，事先有所准备，心中有数，在洽谈中灵活运用。具体如下：

（一）挡箭牌策略

挡箭牌策略就是你可用各种借口来阻挡对方的攻势，其中较常用也是较有效的为权力受限，无法做出决策，从洽谈学角度讲，受到限制的权力是最有效的权力。第二种是利用资料受到限制来作为挡箭牌阻止别人进攻。第三种挡箭牌则为技术和商业机密。

（二）声东击西策略

声东击西策略也叫欲擒故纵策略。为了达到某一目标，反而要装作很不在乎这个目标，而斤斤计较于其他目标，最终才能达到本来目标。为达到自己的目的，不是直接盯着这个目标，而是拐弯抹角，最终达到自己的真实目的。

（三）空城计策略

空城计策略是指出价与对手内心评估差距很大，而且通过一而再、再而三反复讲，对手会对原本的评估产生动摇。这不是服从于真理，而是服从于别人说的很多次的价格，从而动摇了对方的信心，最终达到己方的目的。

（四）针锋相对策略

在洽谈中对每个问题都要坚持自己的意见，是针锋相对的，你提出来我肯定要驳回去。不仅要在每个问题上准备针锋相对的说法，同时在情绪上也要准备一种极不快乐的爆发性反应，给对方施加压力。

（五）最后通牒策略

规定答复最后期限，超过期限则停止洽谈，已有的结论全部作废。这在己方处于强势，对方为洽谈有大量投入，且多数问题达成一致，只是个别问题难以突破时采用。

（六）货比三家策略

货比三家是为了给对手造成产品、服务上的竞争压力，让其能够做出相应的让步。有选择性地比较，用别人的长处去比较对手的短处，能比较好地达到目的。

（七）唱红白脸策略

主动在本组成员中形成两派意见，有出来说好听的也有出来说难听的，说好听的目的是为帮助达到说难听的人所提出的相应要求。

（八）化整为零与化零为整策略

化整为零是把一个整体项目或整体产品化解为一些环节，通过不同的洽谈把不同的环节分给不同的商人，从而产生某种竞争效果。化零为整是把项目中的各环节整体打包，通过把整个项目打包，以在价格市场或技术上取得更优惠的条件。

（九）抹润滑油的策略

抹润滑油不是指行贿受贿，必须要注意合法性。对手的个人利益，洽谈组的利益，国家的整体利益，有一致的地方也有不一致的地方，这种方法是为了去协调差异。

（十）收官的策略

如强调双赢的策略，所谓强调双赢，就是对于洽谈结果要讲清楚，这是一个双赢的过程和结果。再如顺手牵羊策略，即大的交易确定了还可以提一些小的要求，而对方也可能会给予一些小小的让步，进一步稳固在大的项目上取得的成果。

六、合同的写作

（一）合同的格式

合同的写作格式主要由四个方面组成：

1．标题

一般按合同事项的性质写出名称。

2．称谓

要写明签订合同的双方（或多方）单位名称和代表人姓名。为了行文方便，习惯上规定一方为甲方，另一方为乙方，如有第三方，可简称为丙方。在合同中不能用我方、你方、他方作为代称。

3．正文

正文主要由两部分组成：一是开头，开头主要写明双方签订合同的依据、目的和双方“信守”的表态。二是合同的主要条款，一般分条列项具体说明。

4．结尾

结尾包括三个方面：一是署名；二是签订合同的日期；三是附项，即附加的有关材料予以注明，最后还要写清双方的地址、电话、传真、开户行、账号、电子邮箱等。

（二）合同的写作要求

1. 内容要具体，条款要周详

合同是具有约束力的文书，拟稿必须保证内容具体，条款清楚、周详，以便于各方履行。

2. 表达要清晰、分明、简洁、准确

合同的表述主要采取说明法，根据不同的内容分出若干条款，逐条逐款地加以说明，务求清晰、分明。语言要简洁、准确，语气要肯定，防止因语意含混引起歧义。

3. 文面要规范

书写要按照合同的文面格式，同时要段落分明，标点准确，笔迹清楚。表示货款、物品的数字要用大写汉字。

4. 拟稿和书写要严肃认真

合同一经签订，不得随意修改或涂抹，如出现差错或遗漏，要在协约各方一致同意下，在几份合同上同时修改、补正，并在修补处加盖协约各方的印章。

任务实施过程及知识点

一、收集对方的相关资料

商务洽谈的成败，谈判者地位的强弱，往往取决于其中一方对信息资料的掌握程度，掌握的信息越多，就越容易驾驭谈判的进程。在洽谈前，秘书要广泛收集洽谈对手的信息，详细了解对手的意图和打算，以便协助上司制定对策。

（1）收集洽谈对手的基本情况。了解对手的法人资格、资信状况、法定地址、本人身份和经营范围。这些作为洽谈的基础性资料，秘书应该事先掌握。

（2）收集洽谈对手的经营情况及历史沿革。了解对手的资产状况、经营状况、盈利状况、在行业中的地位、发展历史等。

（3）收集洽谈对手中主谈判者的情况。了解其年龄、学历、经历、个性爱好、家庭成员、价值观念、风俗习惯等。

（4）收集洽谈对手的会谈准备情况。了解洽谈对手对这次洽谈的准备工作、主要意图、基本目标、最高和最低的标准、退让的幅度、可能的问题等。

秘书将这些收集到的资料分类整理，提供给上司参考，以做到知己知彼，不打无准备之仗。

二、拟订商务洽谈计划

为了保证洽谈围绕中心问题展开，秘书根据收集对方的相关资料协助上司拟订商务洽谈计划。洽谈计划是洽谈人员在洽谈前预先对洽谈目标具体内容和步骤所做的安排，是洽谈者行动的指针和方向。商务洽谈计划主要包括标题、正文、落款三个部分，其中正文包括前言和主体。秘书应按照如下格式拟写商务洽谈计划：

（一）标题

说明商务洽谈的内容，采用发文缘由＋文种的方式，如《关于××项目的洽谈计划书》。

（二）前言

交代洽谈缘由、时间、地点等事项，例：由于……，双方定于×月×日在××（地点）举行正式洽谈。

值得注意的是，商务洽谈的时间安排有几个禁忌：其一，己方准备严重不足、纯属仓促上阵的时候；其二，会谈人员身心疲惫、状态不佳且情绪低落的时候；其三，对方心气正高、情绪高昂、准备充足的时候；其四，用餐的时候。洽谈地点的选择则以己方熟悉的环境为好。

（三）主体

主体包括洽谈主题、洽谈人员、基本情况分析、程序及具体策略、应急预案、洽谈议程、洽谈费用预算等内容。

1．洽谈主题

洽谈主题就是洽谈所要达到的目的，一定要言简意赅。主题确定了，洽谈的方向和“度”就随之明确了。

2．洽谈人员

选择适当的人员来组成洽谈小组是洽谈成功的关键。洽谈团队的搭配，涉及人员安排的结构性、配套性、主次性、互补性。洽谈人员的构成应根据洽谈的类型和内容来确定，一般有专业人员、商务人员、法律人员，视需要还可配记录人员和翻译人员。洽谈小组成员除了必须具备相应的专业技术知识外，还必须具备一定的洽谈经验，而且能够融洽地处理同事之间的关系以及与洽谈对手的关系。为了使洽谈高效运作，秘书可以向公司建议洽谈小组成员具体如下：

洽谈组长：本次洽谈的前线总负责人，拥有管理权与一定的决策权，负责制定策略，维护我方利益，主持洽谈进程，对洽谈人员进行职责分工与配合等。

技术专家：负责产品规格、生产技术、质量保障、售后服务、知识产权等方面的事务。建议由公司总工程师担任，公司技术部负责人备选。

商务专家：负责数量、价格、交货方式、保险等方面的事务。建议由公司销售部负责人担任。

财务专家：负责付款方式、信用保证、担保等财务方面的事务。建议由公司财务部负责人担任，公司主管会计备选。

法律专家：负责相关法律的准备、合同文本的准备、合同条款的法律解释等法律方面的事务。建议由公司法律顾问担任，如果公司有法务部门或者公司办公室有专门负责法律工作的专员则作为备选。

后勤保障人员：洽谈人员的吃、住、行总管，洽谈会场的准备、各种宴请的安排、礼品准备、信息资料的整理及保管，洽谈过程的记录等。建议由公司办公室秘书担任，办公室行政后勤专员备选。

翻译人员：负责现场翻译及文本翻译。

3. 基本情况分析

基本情况分析包括洽谈双方背景、洽谈项目、洽谈目标、洽谈形势分析。

双方背景是指双方公司的背景资料；洽谈项目是洽谈的内容，是根据洽谈目标细分的洽谈内容；洽谈目标是指洽谈要达到的具体目的，它指明洽谈的方向、要达到的目的和企业对本次洽谈的期望水平，包括最高目标、可接受目标和最低目标，目标有几个时要将各个目标进行排队，抓住最重要的目标努力实现，而其他次要目标可让步，降低要求；洽谈形势分析是对我方优劣势和对方优劣势进行分析，做到"知己知彼，百战不殆"。

4. 程序及具体策略

商务洽谈的程序包括：开局、摸底、磋商、成交等几个阶段。

洽谈策略是洽谈人员根据形势的发展和变化而采取的行动方案和应变方式，以便最后赢得洽谈。洽谈者根据各种影响因素分析，确立己方的洽谈地位——优势、劣势、均势，由此确定洽谈的策略。

5. 应急预案

很多时候，商务洽谈并没有按照既定的方向进行，秘书要提前预想洽谈中可能会遭遇到的突发情况，提前做好应急预案。

6. 洽谈议程

拟订洽谈议程是影响洽谈结果的重要一环。秘书在拟订洽谈议程时需根据洽谈内容来拟写，拟写时要注意写清楚以下几点：

第一，洽谈的大致时间，包括起始时间、中间分几段，每段洽谈一般间隔多少时间。

第二，洽谈的中心议题和每轮洽谈的中心议题时间安排。

第三，每一方参加者各多少：谁为主谈（首席），如邀请第三者则谁是第三者，应具备什么身份，其权利义务如何。

第四，列入洽谈之各项事宜的先后编排次序，及每项事宜应占用的计划时间。

第五，注意己方所绝不能退让的条件，不应让它出现在议程上。

拟订洽谈议程是秘书人员的任务，通常由秘书拟写议程草稿，交领导批准后分发给所有与会者。洽谈议程是洽谈进程的概略安排。

7. 洽谈费用预算

进行洽谈的经费预算可包括以下内容：

文件资料费：包括文件资料、文件袋、报价（稿）印制等开支。

通信费用：打电话、传真等进行会议联络所需的经费。

洽谈用品费：如横幅、茶水、席卡、文件夹等费用。

洽谈交通费：参会人员交通往返的费用，如果由主办单位承担，则应列入预算。

洽谈其他开支：会议经常有一些不可预见的开支出现，做预算时要留有余地，以免造成费用不够的情况。

（四）落款

洽谈计划书拟订单位或部门的名称以及完成时间。

三、布置洽谈会场

秘书应提前到达洽谈现场，进行会场布置，具体做法如下：

（一）确定洽谈所需场所

秘书应安排一间主要洽谈室、一间备用洽谈室，还有一间休息室。

（1）主要洽谈室是双方进行洽谈的现场，布置一般要典雅、舒适，具有一定的民族特色，采光充足，并配备相应的视听设备。

（2）备用洽谈室是商务洽谈各方都可以使用的隔音较好的房间，该房间可以供商务洽谈某一方内部协商之用，也可以供商务洽谈各方就某一个专项问题洽谈之用。备用洽谈室通常不要离主要洽谈室太远，最好是紧邻主要洽谈室。备用洽谈室同样要布置得典雅、舒适，采光要好，准备相应的桌椅、纸笔等。

（3）休息室是提供洽谈中场休息使用的，休息室布置应舒适、轻松、明快，可配备一些茶水、点心、水果等。

（二）主要洽谈室的布置

秘书在进行主要洽谈室会场布置时应考虑座次安排、洽谈桌用品的配置和摆放以及会谈环境的布置。具体步骤如下：

1. 安排座次

在洽谈中要想获得对方的合作，或取得某种效果，座位的安排是有学问的。秘书在主要洽谈室座位的摆放上遵循如下方法：

在商务双边洽谈中，通常用长方形、椭圆形或圆形桌子，宾主相对而坐，以正门为准，主人占背门一侧，宾客面向正门，主谈人居中。译员的座位安排在双方主谈人的右侧，其他人按礼宾顺序左右排列，记录员可安排在洽谈桌的后侧或另行安排桌椅就座，如果参加洽谈的人数较少，记录员也可在洽谈桌边侧就座。

双边洽谈座位安排如图 3－1、3－2 所示。

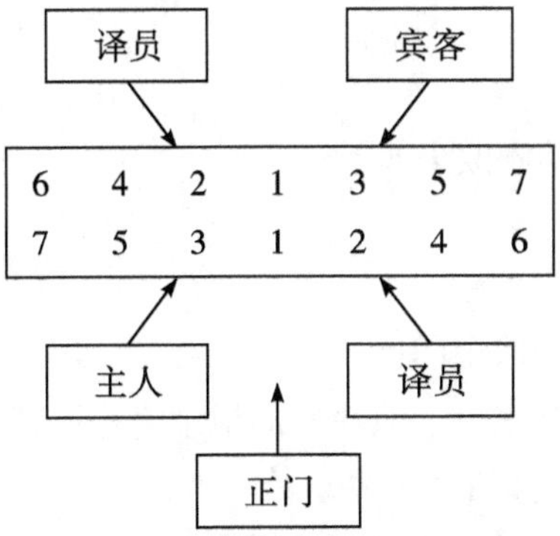

图3－1 双边会谈座位图之一

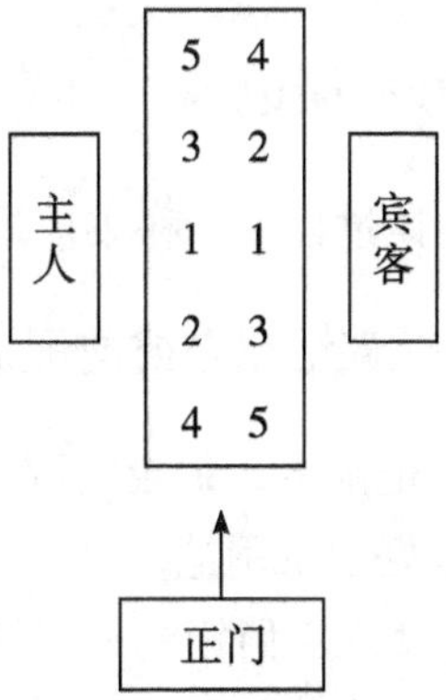

图3－2 双边会谈座位图之二

2. 配置和摆放洽谈桌用品

洽谈桌用品的配置和摆放如下：

桌面放置中外文座位卡，卡片上的字体应工整清晰；每个座位前桌面的正中摆放一本供记事的便签，便签下端距离桌面的边沿约5厘米；紧靠便签的右侧摆红铅笔和黑铅笔；便签的右上角摆放一个饮品垫盘和茶杯，盘内垫小方巾；如需要还应在每位主要宾客处摆放一个烟缸和烟盘、纸巾盒，其他人每两人放一套（摆在两个座位之间）。座位卡、便签、垫盘、烟具、茶具等物品的摆放要整齐划一、均匀协调。涉外洽谈桌上需摆放两国国旗。

3. 布置会谈环境

对会谈环境的布置主要应考虑以下几个因素：

其一，光线。可利用自然光源，也可使用人造光源。利用自然光源即阳光，应备有窗纱，以防强光刺目；使用人造光源时，要合理配置灯具，使光线尽量柔和一些。

其二，声响。室内应保持安静，使洽谈能顺利进行。房间不应临街，不在施工场地附近，门窗应能隔音，周围没有电话铃声、脚步声等噪音干扰。

其三，温湿度。室内最好能使用空调机和加湿器，以使空气的温度与湿度保持在适宜的水平上。温度在20 ℃，相对湿度在40%～60%最合适。一般情况下，至少要保证空气的清新和流通。

其四，色彩。室内的家具、门窗、墙壁的色彩要力求和谐一致，陈设安排应实用美观，留有较大的空间，以利于人的活动。

其五，装饰。用于洽谈的场所应洁净、典雅、庄重、大方。宽大整洁的桌子，简单舒适的座椅（沙发），墙上可挂几幅风格协调的书画，室内也可装饰有适当的工艺品、花卉、标志物，但不宜过多过杂，以求简洁实用。涉外洽谈还需要准备好对方的国旗。

（三）检查洽谈场所设备

洽谈所需的设备有：扩音设备、通信设备、传真机、复印设备、计算机、投影仪、互联网服务设备等，都要事先准备和调试。

四、做好洽谈记录

在商务洽谈过程中，秘书应做好洽谈记录，具体做法如下：

（一）为洽谈记录做好物品准备

（1）准备记录本，记录本可以用活页的，便于取出归档。

（2）准备好记录用笔，可以用签字笔、碳素墨水笔，但最好的记录笔是铅笔，铅笔记录便于记录后整理。但铅笔易磨损，所以洽谈前要多准备一些。

（3）准备好录音笔来补充手工记录，在利用录音笔的同时必须手工记录，这样不仅整理记录的速度快，而且可以防止因录音笔中途出故障而造成的信息记录遗漏。

（4）备有议程表和其他的相关材料和文件，在需要核对相关数据和事实时随时使用。

（5）准备一张与会人员的座位图，便于识别会议上的发言者。

（6）提前参阅一下其他的洽谈记录，揣摩一下其行文结构、细节内容。

（二）按照洽谈记录格式进行记录

洽谈记录是草拟协议的原始材料。按照以下洽谈记录的格式进行拟写：

1. 标题

标题的写法有两种，一种由项目+文种组成，如“教科设备采购洽谈记录”。另一种是只写文种，如“洽谈记录”。

2. 洽谈组织概况

（1）洽谈时间。要写明年、月、日，上午、下午或晚上，×时×分至×时×分。

（2）洽谈地点。如：“××会议室”“××酒店”等。

（3）洽谈人员。一般将双方洽谈人员分开来写，可表述为“甲方、乙方”或“买方、卖方”。再将洽谈人员的职务、姓名一一对应列出。

（4）记录人。包括记录人的姓名和部门，如：××（××办公室秘书）。

3. 洽谈内容

洽谈内容记录的是洽谈的进程。在进行洽谈内容记录时应掌握如下方法：

（1）须将洽谈人员发言和讨论的观点、决议、决定，重要声明、修正内容、结论一字不漏地记录下来，其他内容可以概括记录。

（2）漏记的内容，先做记号，洽谈后对照录音笔修改。

（3）须把发言者姓名记录下来。

4. 审阅签名

在做完洽谈记录后，要与洽谈班子进行核对，以保证记录的全面、准确，必要时还需双方过目，签字。最后秘书将洽谈记录的定稿交洽谈主席签字审核，并在记录人员签字处签字为证。

洽谈记录具体格式见下例：

××项目洽谈记录

洽谈时间：××年×月×日×时

洽谈地点：××公司办公楼三楼小会议室

洽谈人员：××× ××× ××× ××× ××× ……

记录人：××公司秘书××

洽谈内容：

×××：……

甲方代表：×××（签名） 乙方代表：×××（签名）

洽谈主席签字： 记录人签字：

随着技术设备的完善，计算机速录技术已被广泛使用，秘书在洽谈记录时可利用计算机速录技术进行记录，提高效率。

值得注意的是，洽谈的记录非常重要，秘书人员要全面、准确地做好洽谈记录。每一次洽谈之后，对重要的事情，应写一份简短的报告或纪要，并向双方公布，以防止达成的条件不至于在以后被撕毁。在大型的洽谈中，有时甚至要在每个问题谈妥之后，都要通读双方记录以查对一致。在最后阶段，检查、整理记录，双方共同确认记录正确无误后，所记载的内容是起草书面协议的主要依据。

五、商务洽谈会中服务

洽谈活动一般时间较长，秘书可视宾客用水情况及时续水，或者续换铅笔等。如果洽谈中场休息，秘书要及时调整好座椅、桌面用品，及时续水、增补便签或铅笔等。在调整时，注意不可弄乱和翻阅桌上的文件、资料等。

六、洽谈结束善后工作

（一）会场清理

洽谈结束后，秘书应及时清理会场，具体做法如下：

1. 拿走通知牌和方向标志

在洽谈结束后，通知牌和方向标志失去了其必要性，应及时拿走它们，恢复场地的原有模样，以便归还租借的场地。对于一次性说明标志或通知牌应予以销毁，可重复利用的应统计、归类、入库以便下次使用，这样做有利于节约材料、资源，节省人力物力。

2. 清理会场内其他物品

要及时撤去会场布置的会标等宣传品，要把洽谈中使用的幻灯机、笔、笔记本电脑、席卡等东西收拾好。如果发现会场有遗失物品要妥善保管，并与失主联系。要认真打扫收拾，使会场恢复原貌。

在洽谈结束后，会产生大量的废弃纸张。这些纸张或是草拟的文件，或是洽谈的资料，或是财务的报表，洽谈结束后秘书人员首先要收回所有应该收回的洽谈资料，要将所有纸张进行整理、清点、归类，找出有用的资料，不能再利用的纸张要销毁。商务洽谈都有其保密性，洽谈结束后的剩余文件也要注意避免在无形中泄露公司的机密。在清理文件时要对文件的密级分类并及时销毁，这是会后秘书工作中最重要的一个环节，切不可麻痹大意。

（二）根据洽谈记录拟订合同

洽谈结束后，应根据洽谈记录，及时与对方有关人员将洽谈双方取得的成果，形成合同文本，经洽谈双方修正后，在签约仪式上签字公证后，成为法律性文件，维护双方合作利益。

在起草合同时，应注意：

（1）遵守法律法规的要求。

（2）达成的协议必须见诸文字。

（3）重要条款应反复推敲后再落笔。

（4）协议（或合同）的文字要简洁，概念要明确，内容要具体。

（5）按照合同的正确格式起草。

七、洽谈后的签约

（一）布置签字厅

不论是专门的签字厅还是临时的会议厅，都要布置得庄重、严肃，最好铺上地毯。签字厅正面的墙上要高挂帷幕，幕上标明签字仪式名称和时间，如果安排致辞，可在签字桌的右侧放置讲台或落地话筒。长方形的签字台要覆上绿色台布，桌面上放置各自保存的文本，文本前放签字工具，如钢笔、墨水、吸墨纸等。桌子中间摆一旗架，悬挂双方国旗或者是印有组织标志的小旗。

（二）安排参加人员位置

双边缔约，参加签字仪式的领导人和主要见证人面向签字台，按主左客右的惯例排成一行，立于签字人员的后方，双方身份最高的领导人并排站立于中间，其他人员按身份高低排列于各自签字人员的座位之后，不设座椅。双方助签人员分别站立在各自签字人员的外侧，如图 3 - 3 所示。若是多方签字则按礼宾次序安排各方签字代表的座次，一般按英文国名首字母排列顺序，也可按事先商定的顺序排列。通常是排在第一位的居中，第二位排在第一位右边，第三位排在第一位左边，以此类推。如果设观礼座，要面向签字桌的对面。

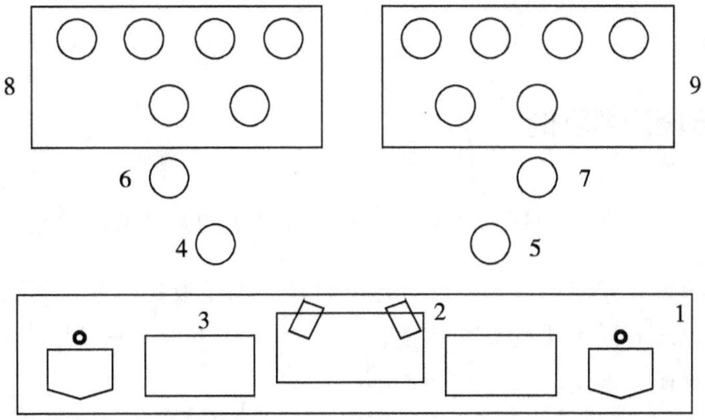

图3-3 签字仪式排法

1. 签字桌 2. 双方国旗 3. 签字用文具 4. 客方签字人 5. 主方签字人 6. 客方助签人 7. 主方助签人 8. 客方参加签字仪式人员 9. 主方参加签字仪式人员

（三）熟悉签字仪式流程

签字仪式上，双方参加洽谈的全体人员都要出席，共同进入会场，相互致意握手，一起入位。签字时有固定的仪式，具体如下：

（1）主持人向全体人员介绍签字各方的主要领导人，以及其他嘉宾。

（2）主持人宣布签字仪式开始。

（3）进行签字。助签人翻开文本指明签字处，签字人在己方保存的文本上签字。然后助签人合上文本，在签字人的身后互相交换文本。助签人打开对方保存的文本，指明签字处，请签字人逐一签字，再用吸墨器吸干。签字人应先签署己方保存合同的文本，再接着签署他方保存的合同文本，这一做法被称为“轮换制”。其含义是在位次排列上，轮流使有关各方有机会居于首位一次，以显示机会均等，各方平等。

（4）签字完毕后，双方应同时起立，交换文本，相互握手，祝贺合作成功，并相互交换各自刚才使用过的签字笔，以做纪念。其他随行人员应该以热烈的掌声表示喜悦和祝贺。

（5）主持人请各方领导人先后致辞。双方签字仪式致辞的顺序是先主后客，多方签字仪式则按签字顺序致辞。

（6）举行小型酒会，开香槟举杯共庆洽谈成功。秘书应事先安排工作人员准备好香槟酒、酒杯等，开香槟时气浪要足。

（7）有序退场。签约完毕，应请双方最高领导者及客方先退场，然后东道主再退场。

相关范例样本

一、商务洽谈计划范例

关于采购HTC S510e Desire H手机的商务洽谈计划

由于美颜市场营销策划有限公司与台湾宏达国际电子股份有限公司洽谈购买其旗下的HTC品牌S510e Desire H手机的相关事项，定于2016年6月20—23日在广东省广州市花园酒店会议室进行商务洽谈。

一、洽谈主题

美颜市场营销策划有限公司向台湾宏达国际电子股份有限公司购买其旗下的HTC品牌S510e Desire H手机的相关事项。

主方：美颜市场营销策划有限公司

客方：台湾宏达国际电子股份有限公司

二、洽谈团队人员组成

首席代表：肖宝宁（总经理）

主谈人员：张瑛（副总经理，公司洽谈全权代表）

黎李权（采购部经理，商务主谈）

夏庆燕（财务部经理，核算财务）

其他人员：胡祖福（技术顾问，负责技术问题）

胡月媚（秘书，记录人员）

龙卓群（法律顾问）

三、基本情况分析

（一）洽谈双方背景

1. 我方公司分析：

美颜市场营销策划有限公司是华南地区一家新兴的市场营销策划公司，其业务包括为客户提供市场调研、营销策划服务的咨询性企业。公司的口号是："得你所想！"

2. 客方公司分析：

宏达国际电子股份有限公司成立于1997年5月15日，是全球最大的智能手机代工和生产厂商。宏达现任董事长是王××，执行长是周××。公司在2011年发展迅猛，现已成为全球知名手机生产商。公司口号为：Quietly Brilliant。

（二）洽谈项目

1. 标的物的价格。

2. 标的物的数量。

3. 标的物的交货时间。

4. 标的物的结算方式和时间。

5. 定金的支付和违约赔偿。

(三) 洽谈目标

1. 主要目标：达到洽谈目的。能购买150台该型号手机。

2. 次要目标：以低于出厂价25%的价格采购到该型号手机。

3. 最低目标：以出厂价采购到该型号手机。

(四) 洽谈形势分析

1. 我方优势：

(1) 对市场情况熟悉，拥有一流的市场营销触觉，洞察力强。

(2) 企业口碑好。

2. 我方劣势：

(1) 品牌的知名度还不够，参与洽谈的人员洽谈经验不足。

(2) 缺乏足够的资金。

3. 对方优势：

(1) 企业品牌知名度高，而且有大量业务需要。

(2) 资金雄厚，可以适当抬高价格，以取得更大的经济利益。

4. 对方劣势：

(1) 标的物性能相对新推出的机型稍有欠缺，处于将要退市的状态。

(2) 同类竞争品牌较多。

四、程序及具体策略

1. 开局阶段：

方案一：感情交流式开局策略。通过谈及双方合作情况形成感情上的共鸣，把对方引入较融洽的洽谈气氛中。

方案二：进攻式开局策略。营造低调的洽谈气氛，指出本公司的优势所在，令对方产生信赖感，使我方处于主动地位。

方案三：借题发挥的策略。认真听取对方陈述，抓住对方问题点，进行攻击、突破。

2. 中期阶段：

(1) 红脸白脸策略。由两名洽谈成员其中一名充当红脸，一名充当白脸，辅助协议的谈成，适时将洽谈话题从价格转移到产品质量上来。

(2) 层层推进、步步为营的策略。有技巧地提出我方预期利益，先易后难，步步为营地争取利益。

(3) 把握让步原则。明确我方核心利益所在，实行以退为进策略，退一步进两步，做到迂回补偿，充分利用手中筹码，适当时可以答应对方的部分要求来换取其他更大利益。

(4) 突出优势。以过往案例作为资料，让对方了解到我们的优势。强调与我方协议成功给对方带来的利益，同时软硬兼施，暗示对方若与我方协议失败将会有巨大损失。

(5) 打破僵局。合理利用暂停，首先冷静分析僵局原因，接着运用肯定对方形式、否定对方实质的方法解除僵局，适时用声东击西策略，打破僵局。

3．休局阶段：

如有必要，根据实际情况对原有方案进行调整。

4．最后洽谈阶段：

（1）把握底线。适时运用折中调和策略，严格把握最后让步的幅度，在适宜的时机提出最终报价，使用最后通牒策略。

（2）埋下契机。在洽谈中形成一体化洽谈，以期建立长期合作关系。

（3）达成协议。明确最终洽谈结果，出示会议记录和合同范本，请对方确认，并确定签订合同的具体时间和地点。

五、制定应急预案

双方是第一次进行商务洽谈，彼此不太了解。为了使洽谈顺利进行，有必要制定应急预案。

1．对方提出新的异议：

应对方案：按照和好往来的原则，适当让步。

2．交货日期押后：

应对方案：再次商榷，要求尽量提前交货日期。

3．标的物数量不足：

应对方案：促使客方调配货源，或以同等级的标的物无变动代替。

六、洽谈议程

1．双方进场。

2．介绍会议安排和与会人员。

3．进行正式洽谈。

4．达成协议。

5．签订协议。

6．祝贺洽谈成功。

七、洽谈费用预算

1．场地租金费用：5 000 元。

2．交通费用：500 元。

3．接待餐饮费用：4 000 元。

4．其他杂费：3 000 元。

美颜市场营销策划有限公司

2016 年 6 月 8 日

二、商务洽谈合同范例

网站合作合同

甲方：

乙方：

为了推动中国互联网事业的发展，促进合作双方的企业发展，更好地为广大金融界互联网用户服务，甲乙双方本着平等互利、共同发展、优势互补的原则，甲方版权所属网站××××网与乙方版权所属网站××××网，经友好协商，在合作意向上达成一致，结为合作伙伴。甲方以协议规定的方式，向乙方免费提供金融界的人才职业信息，乙方完善频道建设，充分保证双方的权益。现就双方合作的具体事宜及双方的权利与义务达成如下协议：

第一条　甲方的职责

1. 为乙方提供金融界人才职业相关的信息内容，并积极开发金融界用户所需的人才职业信息，及时提供给乙方站点。人才职业信息包括但不限于以下内容：

（1）有关人才、人力资源、就业、培训方面的新闻。

（2）有关职业选择、职业发展、人际关系、职业评测等方面的特写等文章。

（3）有关行业比较、企业文化、企业用人哲学、人事经理访谈等方面的文章。

（4）有关出国发展、培训计划、培训须知方面的文章。

（5）有关人才、职业方面的网友争论及原创文章等。

上述文章版权归甲方所有，乙方仅可在本协议规定范畴内使用。

2. 按协议附录规定的方式为乙方提供上述文章，并根据金融界用户以及乙方的反馈积极开发为金融界用户所欢迎的人才职业信息。

3. 在其网站为乙方频道设置文件配置表，配置内容包括但不限于以下内容：乙方频道 logo 或文字及 url 网址链接；乙方网站主页的网络路径；以上内容由乙方根据协议附件规定提供，乙方拥有上述内容的版权与修改权，甲方应当为乙方提供网上修改上述内容的管理权限。

4. 甲方在首页“合作伙伴”中加入乙方××××网的文字链接。

5. 提供甲方的旗帜（banner）广告，大小为 468×60 像素的图像文件，具体发布事宜由双方商定，按协议附件规定执行。

6. 上述所有图形 logo 均由乙方自行设计，版权归乙方所有。

7. 在所有由甲方提供内容的页面下方标注版权说明，版权归属单位为甲、乙双方。

第二条　乙方的职责

1. 在乙方网站××××网创建独立目录，存放所有由甲方提供的文章与信息。

2. 在所有由甲方提供内容的页面下方标注版权说明，版权归属单位为甲、乙双方。

第三条　商业秘密

1. 甲乙双方应对其通过工作接触和其他渠道得知的有关对方的商业秘密严格保密，未经对方事先书面同意，不得向其他人披露。

2. 除本协议规定之工作所需外未经对方事先同意，不得擅自使用、复制对方的商标、标志、商业信息、技术及其他资料。

第四条　声明

1. 甲乙双方之间结为战略合作伙伴关系。

2. 甲乙双方信息资源互享，各自保证其网站内信息来源的真实性、准确性与时效性。

3. 甲乙双方在网站或频道的推广和宣传过程中同行共勉、紧密合作。

4. 甲乙双方就各自的经营和提供的服务内容承担责任，享有收益和版权。

5. 如果由于网站版面更新或改动，原来的链接位置不再存在，双方必须将新的链接摆放位置调整至保证与原本效果相当的位置。

6. 本协议期限满，双方优先考虑与对方续约合作。

7. 双方的合作关系是互利互惠的，所有内容与服务提供均为相互免费。

第五条　协议执行期限

本协议书有效期为____年，自____年__月__日至____年__月__日为本协议商定合作方案的执行期限。

第六条　协议的终止

本协议因以下任何原因而终止：

1. 本协议期限届满。

2. 双方协商同意终止本合同。如有任何一方欲终止此合同，需提前一个月通知对方。

第七条　争议的解决

如甲乙双方在本协议的条款范围内发生纠纷，应尽量协商解决。协商不能达成一致意见时，提请北京市仲裁委员会仲裁解决。

第八条　不可抗力

因地震、火灾等自然灾害，战争，罢工，停电，政府行为等造成双方不能履行本协议义务的，双方通过书面形式通知对方，本协议即告终止。

第九条　本协议一式二份，双方各执一份，经双方签字盖章有效。本协议及其相关附件具有同等法律效力。

甲方：	乙方：
代表签字：	代表签字：
日期：　　年　月　日	日期：　　年　月　日
盖章：	盖章：

思考与练习

一、问答题

1. 洽谈计划的内容有哪些？

2. 洽谈的现场布置要考虑哪些因素？

3. 洽谈记录需做好哪些准备工作？

二、实训题

背景：你所在的公司准备与美国一家跨国公司进行业务洽谈，有望成功签约。

实训任务：

1. 由学生组成两个洽谈小组，分别扮演我方和美国公司方的角色进行商务洽谈。

2. 双方洽谈成功，准备签约，请你为他们布置签字厅并画出示意图。

三、案例分析

1. 某日商举办的农业加工机械展销会上，展出的正是国内几家工厂急需的关键性设备。于是国内某公司代表与日方代表开始洽谈。

按惯例，卖方首先报价：1 000 万日元，我方马上判断出其价格的“水分”，并且对这类产品的性能、成本及在国际市场上的销售行情进行阐述，暗示生产厂家并非你独此一家。最终中方主动提出休会，给对方一个台阶。当双方重又坐在洽谈桌旁时，日方主动削价10%，我方据该产品近期在其他国家行情，认为750 万日元较合适，日商不同意，最后我方根据掌握的信息及准备的一些资料，让对方清楚，除他外还有其他一些合作伙伴。在我方坦诚务实、有理有据的说服下，双方最终握手成交。

请问，日方的三个目标层次是什么？

2. 美颜公司与韩商洽谈，准备向韩方出口大宗商品，商定由韩方派船来港装货。韩方需要知道长江航道水深的准确数据，才能具体处理航运中的技术问题，否则，这宗买卖难以成交。美颜公司罗经理回答得含含糊糊，洽谈搁浅。公司秘书林路在罗经理同意后，用流利的韩语具体详尽地讲清了长江从吴淞口到本港，各段位在不同季节的水深，以及分别能载多少吨位的船舶。林秘书的讲解使韩商非常满意，当场就签订了订货合同。

请分析林秘书在此次洽谈中的作用。

任务7 客户联谊会

案例启示

环宇公司即将举行一场客户联谊会，为保证会议各项工作能够顺利进行，公司为此专门召开了联谊会筹备协调会，成立会议工作小组，并将各项工作落实到专人负责。作为秘书的刘丽主要协助总经理落实工作任务。她随即召开了工作小组会议，在明确会议目标的基础上，确定了会议的主题、时间、地点，商讨了会议的议程，确定了会议出席人员的范围以及会议公关宣传的渠道等方面事宜，并将拟发会议通知，发放邀请函，制发会议证件、会议资料，会议签到、接待，会场布置，会议工作人员培训以及会议效果的评估等事宜一一做出了详细的安排，并建立了小组例会制度，及时沟通协调会议筹备过程中的问题，以保证联谊会议的成功举行。在刘丽和各小组的积极筹备下，公司客户联谊会成功举行，获得了超出预期的极佳效果，企业知名度得到了很好的提升，且树立了积极的企业形象。

分析：客户联谊会是企业与客户之间建立并维护紧密关系的有效方式，其成功的举办离不开事先的筹备工作。而且，客户联谊会不同于一般的公司会议，对客户范围的确定、会议的公关宣传有较高的要求。案例中，秘书刘丽事先召开了筹备协调会议，落实工作分工，明确责任，对会议涉及的各项工作都进行了详细的商讨和落实，而且建立了必要的沟通协调制度，这一系列的筹备工作是会议得以成功举行的关键。更重要的是有效地落实了公共宣传的渠道，且对会议效果进行了评价工作。

任务引入

任务背景：美颜酒业有限公司的“龙祥贡酒”自开发之始，得到了广大客户的热心支持。“龙祥贡酒”品牌的成功，得益于品牌价值的自我传播，还得益于产品价值的口碑传播。

在新产品“凤翔贡酒”推出之时，公司决定举行一次客户联谊会，目的就是为新老客户了解新产品，走近健康、养生的客家酒文化，交流共同关心的问题提供一个平台。新产品“凤翔贡酒”通过这个平台，能够充分展示产品的魅力，使老客户产生主人翁的认同感，增强自豪感，并自觉或不自觉地传播产品价值；增强意向客户的购买信心，最终促进销售量的提高。

任务：作为公司总经理秘书，林路需协助总经理统筹和安排这次客户联谊会。

任务分析

客户联谊会是企业为了扩大自身的知名度和美誉度，提升企业业绩的一种有效公关活动，因此，在活动的策划、实施以及评估和反馈阶段都要遵循这一宗旨，各个环节都要严格按照会议方案进行。

此次客户联谊会是美颜酒业有限公司既为了塑造良好的公关形象，也是为了宣传新产品，达到新产品推介的目的而举行的。作为总经理秘书，林路在协助完成此次联谊会议的过程中，要把握公司召开此次客户联谊会的目的，制订好会议策划方案，负责方案的可行性研究和论证、方案的实施进度安排、会议筹备工作的监控、会后效果实施评估、结果反馈等工作。

知识链接

一、联谊会概述

（一）联谊会的含义

联谊，就是加强联系，增进友谊。联谊会就是旨在促进参会人之间的沟通和交流，使他们建立起融洽的感情，达到更深的了解，从而有利于以后的交往与合作的聚会。

通过举行联谊会可以实现个人扩大人际交往范围的需要，组织内部协调员工关系、帮助员工之间配合默契、建立和谐企业文化的需要，组织之间加强沟通、互助合作的需要，组织与外部公众之间相互沟通、树立形象、开展工作的需要。

（二）联谊会的类型

1. 企业内部成员联谊会

企业内部成员联谊会，即参加联谊会的成员都是企业内部员工。一般举行这种类型的联谊会有两种情况：一是在各大法定节假日前夕或对组织意义重大的日子里，对员工表示慰问，同时加强员工、各部门之间的交流，由全体员工参加的联谊会；二是主要由组织某一横向阶层管理人员参加的小型联谊会，这些管理人员之间进行深入沟通，并学会互相协作，形成具有很强凝聚力的管理团队，组织才会有更高的效率。此外，也有为几个平时联系比较紧密的部门成员举行的联谊会，以增进友谊，加强合作。

2. 企业外部人员联谊会

企业外部人员联谊会，即办会组织举行联谊会是为了与组织外部的成员加强联系，这些外部成员可能是其他组织，也可能是个人，如A公司与B公司新春联谊会、客户联谊会等。

二、客户联谊会的含义

客户联谊会是促进企业与客户的沟通和交流，建立融洽的感情，达到更深的了解，从而有利于以后的交往与合作的聚会。受邀的大部分是企业已有的重要客户和正在争取的潜在客户，所以，它也是企业回馈老客户和开发新客户的重要渠道，一方面它可以促进客户对企业的认同，另一方面可以增强客户与企业之间的相互了解、理解和沟通，密切相互关系，塑造企业良好形象，提高企业业绩，创造更多企业利益。对于完善客户关系管理、经营客户、维护和拓深市场具有重要的意义，是企业公共关系活动的重要内容之一。

三、客户联谊会的类型

根据举行会议的目的不同，可以分为以下两种类型：

（一）公关型客户联谊会

公关型客户联谊会举行的目的是与客户加强联系、融洽感情，以此树立公司乐于沟通、善于沟通的良好形象，从而有利于日后开展工作。因此，公关型客户联谊会办会工作的一切努力在于营造一个让客户放松身心、敞开心扉、乐于交流的氛围，同时，安排各种游戏、节目等，让客户参与其中，相互了解，建立友谊，以达到促进沟通的公关目的。

（二）推介型客户联谊会

推介型客户联谊会举行的目的是与客户加强联系，借着联谊会形成的融洽气氛，来推介自己的产品或服务，以实现自身的营销目的。推介型客户联谊会其实是产品或服务推销会的隐蔽形式，也可以说是二者的结合体。由于它巧妙地利用了联谊会营造和谐氛围、加强沟通交流、增进彼此感情的功能，以及人们在气氛融洽的情况下难以拒绝别人的特点，取得的营销效果往往比直接营销好得多。目前，越来越多的企业开始把举行此类型的客户联谊会作为重要的营销手段之一。

目前的客户联谊会一般以推介型为主。

四、客户联谊会的形式

客户联谊会有多种形式，根据不同的活动主题选择合适的活动形式，通常有客户恳谈会或茶话会、庆祝会、游艺会以及综合性的联谊会等形式。

五、推介型客户联谊会方案的策划

对于利用联谊会进行营销的企业来说，最大的困难就是在会议召开之前，如何隐蔽会议的商业功能、功利色彩，强化会议的联谊功能、感情色彩，让应邀的客户没有抵触和提防，从而增加目标顾客参会的可能性和积极性，这就需要会议策划者精心的设计和谋划。

推介型客户联谊会吸引客户参加的主要策略是“先给后取”，即先分析公司的目标客户，在与公司所生产的产品有关的领域，有哪些强烈的但通过购买产品本身无法实现的需求，然后利用本企业的实力，借助联谊会这一平台，去帮助他们实现，在此基础上再向他们提出购买本企业相关产品的需求，就变得自然而然，让顾客乐于接受了。如一个渔具经销商先通过组织钓鱼爱好者联谊的机会，在联谊会中与这些爱好者们建立感情后，自然不愁他们不成为自己的顾客了。联谊会策划的核心，不仅是如何办好客户联谊会本身，而是对如何“引诱”客户参加联谊会的一系列活动的设计。设计要合理，不要试图安排本公司根本不能驾驭或无法支付的活动，如：对体育服装的经销商来说，在举办体育爱好者联谊会时，因为实际情况和公司的支付能力，不大可能邀请来拳王泰森，尽管有拳王泰森参加这个活动客户一定欣喜若狂。

活动一旦确定，就要坚定地执行下去，绝不可以出现发给客户的邀请函中有某项重要活动，客户到场后发现该活动被取消的情况，这会让客户大失所望，从而影响会议效果。

任务实施过程及知识点

一、会前组织

（一）明确客户联谊会的目标

秘书应首先明确此次客户联谊会召开的目标。一般来说，客户联谊会的目标有以下几个：

（1）增加和老顾客之间的感情，提请他们为公司产品进行口碑宣传。

（2）开发目标客户，包括增加新客户和旧有客户增加新业务。

（3）提升公司产品品牌和公司整体形象。

（4）提升销售额。

明确了客户联谊会召开的目标，对指导联谊会方案的策划意义重大。

（二）进行会议策划

客户联谊会直接关系到企业的对外形象，因此在会议召开前需进行精心策划，拟写客户联谊会策划书或策划方案。

1. 确定会议时间

客户联谊会的时间一般安排在节假日或周末，如元旦、春节、元宵、五一、中秋、国庆等。也可以安排在一些特殊的日子，如服务日、公司周年纪念日等。

客户联谊会的具体时间一般安排在下午或晚上。

2. 确定会议地点

会场的选择通常根据会议主题、参会人员层次、人数以及会议的预算和活动的需要来确定，客户联谊会地点一般选在公司职场、外借娱乐场所、酒店等。

推介型客户联谊会地点最好选取当地最知名的酒店、会所、文化宫等会议场所，这样可以显示公司的实力和诚意。会议地点应交通便利，同时注意周围没有公司竞争对手的办公或营业地，另外会场最好安排在一二层，因为联谊会来往的人员较多，举行到一定阶段气氛会比较热烈，为了不影响其他租赁方，楼层选择也需考虑。

3. 确定与会人员

客户联谊会与会人员一般是客户、公司领导、业务员，有时还会邀请合作伙伴参加。

4. 确定会议形式和内容

客户联谊会的形式多样，有茶话会、庆祝会、游园会、综合性联谊会等形式，秘书可以根据活动主题和目的来选择以哪种形式召开。

客户联谊会的活动内容一般包括：领导致欢迎词、客户代表讲话、员工代表讲话、文艺节目表演、表彰活动、抽奖活动、有奖问答、游艺活动、客户座谈等。活动内容可以交叉进行以增加客户的参与性。

5. 筹建会议工作小组

在会议的筹备过程中首先要确定会议工作机构的分组，明确各工作小组的负责人，各司其职、责任到人，且要建立起例会制度，协调配合完成任务，遇到问题及时沟通，逐步完善方案。

通常会议工作机构包括领导小组和功能小组。领导小组一般由总经理和各相关部门负责人组成，总经理负责整体指挥和统筹，各部门领导负责各自领域的工作，有时领导小组会下设办公室，由一名主任负责日常工作；功能小组通常有秘书组、会务组、礼仪组、节目组、宣传报道组、后勤安保组、回访组等。

（1）秘书组：负责会议的组织、策划、预算、监控和评估以及客户资料筛选、整理、确定，编写会议纪要、简报等工作。

（2）会务组：负责邀请嘉宾、讲座专家、各类客户等；负责联系场地，确认需求，会议物品准备，音乐、投影仪的准备及现场播放、现场灯光掌控等保障会议的正常运作。

（3）礼仪组：负责选拔、培训主持人、礼仪人员，并负责现场迎候、接待签到、引导、纪念品发放以及现场会议服务等。

（4）节目组：负责节目与活动的策划和准备、排练与实演。

（5）宣传报道组：负责会议的摄影摄像以及对内、对外的宣传报道。

（6）后勤安保组：负责生活服务、交通疏导、供水供电、医疗服务、防火防盗、人身安全和财产安全等。

（7）回访组：负责客户前期的约访及后期的追踪回访。

6. 费用预算

根据策划活动内容可能产生的费用做好费用预算，费用预算尽可能详尽、具体，以表格形式罗列出来，表达更清晰。

7. 拟写策划书或策划方案

秘书应将确定好的会议时间、地点、形式、内容、工作安排、费用预算等，根据客户联谊会策划书或策划方案的规范写作格式拟写策划书或方案。

（三）召开工作人员会议

安排各小组人员具体工作，明确职责与分工并开始准备。各小组之间独立进行，但同时要协作开展，确保每一个环节都万无一失。

（四）客户确认

首先，可以根据公司建立的客户关系信息库和近3至6个月的销售情况，详细分析客户数量、结构和贡献等情况，最终形成客户的数量、结构、邀请范围，并在这个基础上逐渐确定目标参会者名单。

其次，根据公司规定的客户标准积极邀约客户，将邀约的客户资料如实填写在客户评估表上并上交给本单位指定负责人，公司对提交的申请表要进行严格筛选，并由本单位经理指定专人对客户进行确认。在规定时间内将确认好（符合资格、能够参加）的客户评估表汇总至工作组处。

如果需要多一些人来参加，也可以向老客户多发几张邀请函，请他们帮忙邀请有兴趣的客户。

（五）邀请客户

会前要确定参与客户联谊会的客户标准和要求，将受邀客户人数、标准和要求提前10天左右宣导给公司业务人员，鼓励业务人员参与并邀请符合要求的客户参加会议。邀请客户的方式有四种：

1. 短信邀约

针对老客户，由业务员发短信通知。短信内容如：为了热烈庆祝×××，我公司决定于×月×日（周×）×时×分在×××召开客户联谊会，到场嘉宾均赠送精美礼品，详情请咨询×××。

2. 电话邀约

在给老客户发短信通知的同时，还要电话邀约，进一步确定客户是否收到邀请并确认客户是否能到会。具体电话邀约内容如：×姐，您好（寒暄赞美）。我们公司给您发的短信您收到没？为了庆祝××，公司定于×月×日（周×）×时×分在×××酒店开办一场大型客户联谊会，让每个客户了解我公司的发展情况，分享公司的喜悦，还有公司最新推出的产品有许多超值的优惠礼包，凡是到场的新老客户都有礼品赠送。请您到时一定要来啊！

3. 拜访邀请

对于新客户和重要客户，业务员可以拜访邀请或当面邀请，如面对新客户时，直接上门拜访或当面邀请：您好，我是××公司的客户经理××，我们为了庆祝××，回馈客户，特意举行大型客户联谊会，诚邀您参加，凡是到场的嘉宾都会获得公司精美礼品，还有新产品优惠大礼包，同时还有机会赢得大奖。

4. 发请柬或邀请函

为表示正式和隆重的邀请，公司可向客户发出书面的邀请，发送请柬或邀请函时，应注意：

（1）亲自递送。请柬或邀请函由会务组、业务员或临时聘请人员亲自递送。一是可以表现公司的诚意和自信，二是由派送人员亲自介绍和推崇会议给客户，能增大客户参会的几率，三是可以取得客户的最新联系方式，方便日后询问推介。

（2）请柬或邀请函后面，可以附上公司的成就和产品简介、本次联谊会的主要活动介绍等。

（3）请柬或邀请函的递送时间应在开会前一周比较合适。

（4）邀请的客户最好在联谊会中能有自己的交际圈。客户联谊会进行到一定阶段，熟悉的客人之间会形成一个个话题圈，如果有些客户跟其他来宾不熟，就可能被冷落而不愉快。为了解决这种问题，最好在递送请柬时将邀请名单给受邀人看，询问受邀人有无熟悉的人一起参加，如果没有建议其可以带一个朋友或家人来参会。

（六）确定到会人员

会议前2～3天要提前统计到会人数。要求业务员上报邀约到场客户数量，以便提前准备纪念品数量，并根据客户数量安排场控和抽奖。

（七）会前培训

会议工作人员必须参加公司在规定时间内统一组织的会前培训及演练，尽可能地熟悉会议议程和工作标准，对突发事件要有应对方案并组织针对性培训。

培训时就要明确参会纪律，着装、仪容仪表等要严格规范：客户经理以及客服人员必须着职业装出席，女士化淡妆；自备好现场所需资料和用品，包括条款、计划书、名片、签字笔等可能用到的与业务相关的资料。

（八）选定主持人

客户联谊会的主持人对联谊会气氛的营造和产品的适时推销作用重大。如果选取本公司人员，事前应严格培训，并派其到采用同类型营销方式的公司进行观摩学习，会前反复彩排；外聘主持人，应选择有着丰富的联谊及营销会议主持经验的主持人。

（九）会前演练

会前上午，各小组人员汇报准备情况，并到现场对整个会议流程进行演练。通过演练，各岗位人员审视工作的准备情况，并及时查缺补漏。

（十）资料物品准备及配置

（1）各岗位人员准备相关资料物品，提前一天进行盘点、查缺补漏。具体资料物品包括领导讲话稿、会议串场词、投影仪、投影幕布、数码照相机、笔记本电脑、大会流程幻灯片、播放的影音文件、公司宣传画册、意见反馈表、抽奖箱、礼品、抽奖券、节目单、认购书（及样本）、签约笔、礼品券等。

（2）准备茶水、主持台花、嘉宾胸花、桌花、公司宣传展板、欢迎条幅（红色）、车辆等。

（3）会前需要准备好会务资料、物品，并分类装箱或打包，列明名称、数量，并逐一清点，做到万无一失。

（4）会议开始前，入场签到处需要的物品和资料为：

①手提袋：内装公司宣传画册、相关资料。

②签到表。

③签到笔。

④客户经理胸牌：按人数。

⑤签到桌：会议开始直到结束不动。

⑥托盘：圆形，回收签单意向卡；方形，用于盛放胸花。

⑦托盘布。

（5）会议开始前，餐桌需要摆放的物品：

①茶水。

②水果、糖果等。

（6）会议开始前礼仪人员所需绶带及绶带所用的别针。

（7）恳谈时间需要的资料和物品：

①资料：会后反馈问卷、签约确认书。以上资料要按照此顺序排放，每份用曲别针固定，发放给客户经理并由客户经理转交给客户。

②物品：圆形托盘，用于盛放资料。

（8）签约时间所需资料和物品：

①签约夹。

②签约确认书（红色）。

③签约笔。

④桌花。

⑤签约桌和椅子。

⑥桌布。

⑦总经理名片一盒。

⑧礼品券：根据客户数量在会前打印好。

（十一）现场布置与检查

1. 会场外的布置和安排

会场外设置接待台，准备发放的资料，引领和签到礼仪人员负责接待签到。会场外还需布置横幅、企业文化展示牌、指引牌，安排停车位。

2. 会场内的布置

秘书可根据确定的会议形式选用全围式、分散式或相对式的会场布局。

会场中可张贴红色横幅，如×××最新资讯发布会、高端客户联谊会、VIP客户恳谈会、清凉夏日茶话会、庆中秋高端客户经营会场、理财沙龙等，以及宣传海报、公司介绍等。为了烘托热烈的气氛，可适当选择布置摆放鲜花、彩带、灯笼、气球、水果糖果、饮料等物品。

3. 会场检查

会前2小时，秘书需到达会议现场做会场检查，具体检查项目：桌椅的排列、桌上物品的摆放、音响效果的调试、麦克风的调试、投影仪的调试、幻灯片的检查、播放影片的试播、主持人的串场、室内礼仪人员的串场、后台物品的检查等。

二、会中实施

（一）签到

（1）签到处分为签到登记和资料发放，签到登记处和发放资料处在会场门口处，每个地点安排 2 名礼仪人员负责相应工作，签到人员需着职业装，佩戴公司徽章。

（2）客户经理带领客户到登记处签到登记，确认客户身份并在客户清单（提前准备，注明座次）上标注客户到场情况，请客户赐名片或请客户签到；由礼仪人员为客户发放纪念品、会议资料并佩戴胸花。

（二）引领

（1）站立在会场门口的礼仪人员引领客户等入座；引领礼仪人员可安排 2 ~4 人。

（2）礼仪人员需佩戴公司绶带。

（3）会场入口礼仪人员要求：统一用语“欢迎光临”并鞠躬，对没有签到的来宾提醒签到，对迟到者提醒关闭手机。

（4）场内礼仪人员根据业务员所邀请客户数量引导前往就座，注意微笑制止抽烟者。

（5）会议开始，场内播放轻松或喜庆音乐（灯光微暗）。入场后，客户经理应主动邀请客户面向主席台、共同欣赏节目。场内迎宾人员在会议正式开始后站于舞台两侧，分别引领领导、主讲人上台发言并接送发言人回座。场内礼仪人员在门口内侧继续引导迟到的来宾就座，直到场外迎宾、签到人员入场才结束引领工作。

（三）维护场内秩序

会场内需设置工作人员若干人，负责维护现场秩序和奖品、礼品的放置。

场内秩序维护人员在会议开始后微笑、轻声制止接听电话和抽烟的来宾；有小孩哭闹时，想办法帮忙哄小孩；有人说话聊天，需微笑提醒；音响声音太大，及时调小；送礼袋后，有人要离开，想法把人留住；协助公司观察和捕捉客户的表情，记录客户的关注情况。

（四）会场协调

（1）会议正式开始前，通过投影仪向客户播放本公司的历史发展纪录片、含蓄的产品广告片、形象宣传片，以及产品相关知识介绍。

（2）会议开始后，会场总协调人和主持人配合调节会场气氛，其他人员不要随意走开，应留在会场附近，如果发生意外突发事件，应及时在总协调人的指挥下救场。

（3）会中应为客户进行免费的拍照服务，并将联谊会全程录制下来，制成光碟赠送客户。

（五）熟悉会议流程

1. 会前热场

主持人宣布会议开始。

2. 欢迎到场嘉宾

主持人介绍，欢迎到场嘉宾。

3. 领导致欢迎词

领导着正装出席，由迎宾人员引领领导上场、归座。当领导致欢迎词时舞台可同时播放幻灯片，展示领导个人简介。

4. 资讯发布

资讯发布一般指现场播放产品宣传片或者企业介绍，需要现场的灯光配合，为资讯发布营造环境。开始前应将灯光调暗，会场安静下来后开始播放宣传内容。资讯发布期间，现场工作人员都要专心致志、聚精会神，切忌和客户交头接耳、左顾右盼，每一环节结束后要热烈鼓掌。

5. 文艺表演及互动节目

文艺表演容易聚集人气，是整个活动的集中区。在高雅、精彩的节目中穿插发布业务、项目信息，介绍情况，客户易于接受。设置文艺表演及互动节目不但能活跃气氛，还能调控整个活动场面的氛围，使人在既活泼又紧张的环境中放松自己，在有张有弛的过程中全身心地投入到活动中来。

6. 客户恳谈

首先由主持人宣布恳谈开始，现场的礼仪人员发放签约确认书，客户经理与客户交流，推介其产品，并协助客户填写签约确认书，再由礼仪人员递交主持人，根据签单意向调整顺序，宣布第一个签单意向，并通过现场投影展示，主持人带动现场氛围，致以热烈的掌声。

7. 欢送嘉宾

礼仪人员要在走廊或大门两侧迎送客户，客户经理送客户至车上或陪同客户回家，并约定下次见面的时间、地点以及主要事宜。

三、会后追踪与总结评估

除了常规的会场清理和费用结算的会后工作外，客户联谊会还需秘书做好协助组织客户经理进行客户的会后追踪服务工作，以及对会议进行评估总结。

（一）会后追踪服务流程

（1）会议结束当天统计现场填写的签单意向，认真核对和整理达成意向的客户情况，登记汇总客户意向资料以及对应客户经理，督导员工进行后期追踪服务。向全体员工通报客户签单意向，对表现好的客户经理进行表扬。

（2）召开会议，帮助提升签约促成率。组织有签约意向客户的客户经理开会，了解签约过程，帮助分析追踪促成签约的条件，确定邀约意向客户的话术及方法，增强快速回访客户的信心，全面提升意向客户的促成率。在会上进行追踪服务结果的宣导，表扬表现优异的客户经理，并让他们进行心得分享，同时督促其他有意向客户的客户经理积极进行回访。

（3）针对暂时没有意向签单的意向客户，可以将其定位为长线客户进行经营，后期持续为其推荐其他产品，同时也可以让其成为发展新客户的渠道。

许多时候，为了避免破坏联谊会的气氛，公司没有在推介联谊会中大肆宣传产品或进行明显的现场营销宣传，而是让客户带着公司的友谊和温暖离开，会后再借送碟片、询问对联谊会的意见等机会，向其推销产品。

（二）会后总结评估

会后，秘书需对自身的办会工作进行全面总结，并结合最终的营销成果，对本次举办客户联谊会的工作和效果进行全面评估。会议评估的具体内容包括：会议准备工作、到会人数、会场气氛与效果、会场组织秩序、客户情况反映。

相关范例样本

一、客户联谊会策划方案范例

××酒店客户答谢联谊会推广活动策划方案

2016 年即将结束，公关营销部拟在 12 月 10 日举办一次客户答谢联谊会，向我店主要大客户表示深深的敬意和诚挚的谢意，树立企业形象，宣传企业经营优势，构建一个畅通的客户关系沟通渠道。

本次活动具体方案如下：

一、活动主题

题记：缘聚真情，和谐华粤——2016 年××酒店客户答谢联谊会。

附记：天缘地缘人缘汇聚真情，客户员工业主共创和谐。

二、策划背景

由于 2016 年度的市场运作和销售工作即将结束，公司可借此机会真诚答谢所有合作伙伴；同时，采用联谊会形式，可以树立公司企业形象，宣传企业经营优势，构建一个畅通的客户关系沟通渠道，营造宽松、良好的交流氛围。

三、策划目的及意义

1．为酒店与合作企业间提供一个相互交流、沟通的平台。

2．加深酒店与合作企业间的相互谅解及支持，巩固酒店与合作企业间的真诚合作。

3. 为企业间的相互沟通铺设桥梁。

4. 改变以往的企业联谊活动形式，务求给客户一个新鲜、活力的酒店形象。

四、活动时间

2016年12月10日（星期六）16：00—19：00。

五、地点

酒店三楼牡丹厅。

六、活动参与人员

嘉宾100位和工作人员30人。

邀请客户分配：总办（人事），8位；销售部，76位；餐饮部，8位；财务（采购），4位；保安部，2位；工程部，2位。

七、活动奖项

1. 抽奖奖项：一等奖（1名）、二等奖（2名）、三等奖（3名）。

奖品设定：

一等奖1名：豪华大床房1间1晚。

二等奖2名：标准单人房1间1晚。

三等奖3名：酒店餐饮消费券200元。

2. 颁奖活动（防止部分重要客户抽不到奖）

颁奖奖项：突出贡献奖（1名），豪华行政套房1间1晚和特别纪念品1份。

最佳合作奖（2名），豪华商务套房1间1晚和特别纪念品1份。

八、活动节目

1. 舞蹈《千手观音》。

2. 朝鲜舞蹈。

3. 京剧《贞观之治》。

4. 员工卡拉OK一等奖获奖者演唱。

5. 外聘演出约4个节目。

九、活动流程（详尽活动进程、司仪稿、节目单另附）

15：30 全体部门经理及销售人员于牡丹厅协助准备及迎宾，派发奖券（回收奖券副券，抽奖）。

16：00 酒店领导致欢迎词（万总）。

16：05 四名酒店员工身着传统特色旗袍，为宾客送上酒水（在晚会充当服务员与礼仪小姐，协助颁奖）。

16：10 响起祝酒歌——邀请酒店一位最重要的嘉宾代表带领五名重要嘉宾共同上台祝酒，并致祝酒词。

16：15 酒店领导与工作人员向在座嘉宾随意敬酒。

16：20 开场节目表演1（待定）。

16：35 节目表演2（待定）。

16：50　嘉宾致辞（待定）。
17：00　节目表演3（待定）。
17：10　抽奖：三等奖三名（由胡经理、高总监、崔经理颁奖）。
17：20　节目表演4（待定）。
17：30　节目表演5（待定）。
17：40　抽奖：二等奖两名（由罗总监、王总监颁奖）。
17：50　节目表演6（待定）。
18：00　抽奖：一等奖一名（由王经理颁奖）。
18：20　节目表演7（待定）。
18：35　节目表演8（待定）。
18：45　颁发突出贡献奖、最佳合作奖（由万总颁发“突出贡献奖”，张总颁发“最佳合作奖”）。
19：00　活动结束。

十、装饰及布置

1. 南门及北门设置活动指引牌。
2. 舞台布置背景板（内容见设计稿）。
3. 酒店大堂、电梯内摆放宣传海报。
4. 花城厅布置绿色植物。
5. 花城厅门布置“心”形拱门。

十一、方案实施细则

部门	具体事项	负责人	备注
餐饮部	1. 于11月28日前落实活动菜单（3 500元成本标准）报财务部审批（本次活动经餐饮部与销售部沟通协商后，由餐饮部上报批示） 2. 活动当日准备演员工作餐（午餐5人，晚餐40人），待活动结束后在花城厅用围餐 3. 活动当晚出品质量跟进及补充 4. 活动摆放台与上届答谢会一致 5. 活动当日15：00前安排服务人员准时到场负责当晚酒水补充、嘉宾引位服务工作 6. 15：30前安排2名礼仪人员到场负责签到工作及熟悉颁奖流程及礼品派发（礼品袋内备酒店宣传册1份、会议室介绍1份、酒店宣传碟1张、礼品1份） 7. 安排春华厅作为演出人员化妆间 8. 入口处布置拱形气球门 9. 活动结束，物品回收	王总监	此分配细则若有变动，公关部另行知会

（续上表）

部门	具体事项	负责人	备注
工程部	1. 当日12：00前协助公关部完成布置、音响安装项目 2. 活动当日12：00前完成音响准备：音响、四支无线麦、投影仪及一套投影幕 3. 活动当天15：00安排两名工作人员配合公关部做全面检查布置，并全程跟进	李总监	
采购部	配合公关部12月5日前采购布置用品及活动所需礼品	陈经理	
公关销售部	活动统筹，全面协调总指挥	罗总监	
	1. 活动方案策划及全程实施跟进 2. 落实各演出人员的道具 3. 落实外聘节目事宜 4. 当晚协调工作	蓝小明	
	1. 本月25日前落实司仪稿 2. 当晚司仪活动进程总指挥 3. 当晚活动音乐音控总指挥 4. 落实当晚活动司仪的排练	黄明 田志	
	1. 本月28日前落实入场券、背景板、宣传喷画、欢迎指引牌、座位分布图设计制作 2. 负责当晚活动拍摄 3. 当日15：00准备场地布置（提前一个星期进行背景喷画、灯光布置等） 4. 全面配合实施活动方案 5. 本月20日前落实邀请函设计	袁莉	此分配细则若有变动，公关部另行知会
	活动颁奖指挥及奖品分配管理	张小莉	
	活动服务质量全程跟进	刘小娟	
财务部	1. 出仓奖品 2. 按活动方案准备现金消费券、免费房券 3. 按人事部考勤表支付表演人员酬劳	卢经理	
培训部	1. 活动全程服务质量督导 2. 负责外聘演员的考勤 3. 演员服装的租借工作	胡经理	
保安部	1. 协调当晚活动车辆停放 2. 当晚活动安全保障 3. 12：00前安排2名员工协助公关部布置、搬运 4. 活动结束，配合餐饮部回收物品	梁经理	
前厅部	指引宾客及晚会信息咨询	陈经理	
客房部	1. 当晚活动地毯及卫生工作跟进 2. 协助提供绿化植物	高经理	

十二、广告宣传及活动预算

(此费用预算为活动最高费用，项目确定后费用按执行实施标准核算)

1. 豪华行政套房1间1晚+豪华商务套房1间1晚+豪华大床房1间1晚+标准单人房1间1晚+现金券600元。

2. 纪念礼品：预算80元/份×150份=12 000元，特别纪念品500元/份×3份=1 500元。

3. 自助餐食品成本：3 500元。

4. 请柬印刷费用：150张，共计500元（采购部比价，控制在500元内）。

5. 舞台背景喷画、海报喷画、装饰费用：1 000元。

6. 演员工作餐费用：300元。

以上合计费用：19 400元（不含房费）。

现金支出最高总费用：19 400元。

公关营销部

2016年11月8日

案例来源：http://www.docin.com/p-1774732183.html.

二、客户联谊会邀请函范例

天地公司2016年客户咨询联谊会邀请函

尊敬的客户：

您好！感谢您在百忙之中阅读本函。

天地公司自成立以来，十分荣幸能与您合作，为感谢您对本公司的支持，本公司决定于2016年11月5日举办为期两天的客户咨询联谊会。届时我公司将会在×××国际酒店恭候您的到来。

在此诚挚邀请您莅临！您的到来将是我们最大的荣幸！

天地公司

2016年10月20日

三、客户联谊会讲话稿范例

各位尊贵的嘉宾、女士们、先生们：

大家新年好！

今天，我们非常荣幸地邀请到在座的各位，参加×××公司银保新春VIP客户联谊会。在此，我谨代表×××公司的全体员工，对各位的光临表示最热烈的欢迎和最衷心的感谢！

×××公司与共和国同龄，经历了67年的风雨历程。作为民族寿险业的领导者，始终坚定不移地致力于撒播爱心、造福社会的事业，秉承“以人为本，关爱生命，创造价值，服务社会”的企业使命，在寿险领域全面满足客户需求，不断发挥保险作为社会稳定器的作用，为所有的朋友送去最贴心的保障和爱心。

作为国内最大的寿险公司，我们在2016年取得了辉煌的成绩，先后获得“中国保险业最受信赖的寿险公司”“最佳企业公众形象奖”等荣誉称号，中国最佳品牌年度排行榜第四，在国内保险业中排名第一。至2016年12月，我公司以市场份额42.76%的成绩排名同行业之首。

我公司能取得今天这样的成绩，与广大客户的支持与信赖息息相关。值此新春佳节来临之际，我们在此欢聚一堂，举行这样的联谊会，对您的支持与厚爱表达由衷的感恩，祝愿我们在来年的合作更加融洽、互利共赢，联系更加紧密！

银保客户是我们最重要的一支客户队伍，为了给您提供更加完善和贴心的服务，×××公司应运成立了理财服务中心。在新的一年里，我们一定不负众望，以更加饱满的热情投入服务工作，让您感受到来自总公司的真诚爱心。2017年我们将在原有的满期给付、红利通知的基础上，全力推进宝贝鹤卡1+n服务，完善理财沙龙服务，力争将最新、最有效的理财资讯及时传达给各位，除此之外我们还将推出生日蛋糕、鲜花祝愿等贴心服务。总之，让您感受到我们最深的爱心是我们的终极服务宗旨。

尊敬的来宾，因为有你们的关注、支持和信赖，我们才能在激烈的市场竞争中独占鳌头，取得如此辉煌的业绩。滴水之恩，当涌泉相报。在此，我们郑重承诺，无论您走到哪里，无论您对自己的未来有多少期待，我们都将是您最忠实的朋友、最坚强的后盾。我们会始终如一地为您提供更专业、更快捷、更细致的服务，不辜负大家对我们的信赖和期望。各位嘉宾，相知多年，值得托付。公司全体员工祝愿各位在新的一年里身体健康，万事如意，合家幸福，财源广进！

谢谢大家！

（资料来源：根据豆丁网资料改编）

思考与练习

一、问答题

1. 什么是推介型客户联谊会？

2. 举行客户联谊会要明确哪些目标？

3. 举行客户联谊会要进行哪些准备工作？

二、实训题

1. 根据以下背景策划一场VIP客户联谊会，并提交一份策划方案。

当前，客户联谊会作为一种沟通客户的重要平台，能拉近客户与公司的距离，真正第一时间让客户得到全方位的信息，高效地促成订单，正在为各大保险公司所用。作为保险公司的一名秘书，请你协助上级策划一场VIP客户联谊会。

2. 某公司为答谢客户，要召开客户联谊会，会议地点为某景区的高档酒店，不但风景宜人，而且价格合理。作为秘书的你承担了整个会议接待的综合协调工作。请拟定合理的接待方案，做好接待准备工作。

三、案例分析

1. 某公司为了表达对客户的感谢，要召开客户联谊会。新来的秘书小李协助经理负责客户的确认和嘉宾的邀约工作。小李认为客户的评估工作较为烦琐，没有按照要求进行客户筛选，而是随机选择了部分客户进行电话邀请，并没有进行跟踪确认，也没有发送正式的邀请函，就将随机抽取的名单上交经理确认。

请对案例做出评价，秘书小李的工作有何不妥，应如何做。

2. 某保险公司安徽分公司为答谢客户组织了以“健康关爱　财富增值”为主题、以VIP/准VIP客户为对象的高附加值服务活动，以充分体验作为首创××人寿高端客户的尊贵之旅。活动在太和县某著名温泉度假村举办，共计有55名客户及服务代表参加。首先由安徽中医药大学著名的养生保健专家××教授向客户传授我国传统医学的养生保健之道，××教授的讲课引起了现场客户的极大兴趣，并在现场进行了热烈的互动；其次，通过客户竞答的方式，开展了客户保单检视服务，向客户详细解读保单的保障和理财功能，通过现场十余次的问答互动，使客户对保单功能和价值有了全面的了解和掌握；同时为了给客户提供最大诚信的服务内容，安徽分公司聘请了VIP客户为“诚信服务监督官”并开通绿色联络通道，彻底保证客户服务实现全天候畅通无阻；最后，公司员工与全体客户一起参加午餐恳谈会。（资料来源：根据网络资料改编）

请对案例做出评述，并结合案例谈谈客户联谊会在宣传企业形象、推介产品并迅速达成签约意向方面有怎样的优势。

模块 4

发 布 会 议

学习目标

掌握新闻发布会的操办流程和方法

技能目标

能够组织操办新闻发布会

任务 8 新闻发布会

案例启示

爱尚手机公司全新系列产品研发成功，准备在上市之前召开新产品的新闻发布会。总经理让秘书李玲负责安排，会上要放映新产品资料视频，进行技术操作演示，并宣布新的代言人。发布会的地点定在格林大酒店三楼，时间是上午 10 点。经过一系列的前期准备，会场已经布置完毕，新闻主持人、发言人和技术展示人员也已经到位，而这个时候，到场的媒体和记者却寥寥无几。

离发布会还有半小时，爱尚手机公司的宣传部门正在紧张地做着最后的准备工作。李玲看着空落落的记者席，内心非常着急，她不断联系名单上面的媒体记者，但是收效甚微……

分析：新闻发布会的前期工作非常重要，由于新闻发布会的特殊性，需要通过媒体记者向全社会公开发布有关信息，所以与媒体记者之间的联系沟通是发布会前的主要内容之一。李玲只发出邀请函，并没有亲自打电话确认，因此对于经常收到发布会邀请的记者来说，只是一场可去可不去的发布会而已。

任务引入

任务背景：美颜酒业有限公司的产品龙酒和凤酒参与地区世界客属恳亲大会（简称世客会）展销活动，成为世客会唯一指定宴会用酒，公司准备举办一次新闻发布会，对此进行大力宣传，并借此机会推出公司的新产品——客家韵酒。

任务：林路作为美颜酒业有限公司办公室主任兼秘书，负责本次新闻发布会的筹备和组织工作。

任务分析

作为秘书人员，在筹备新闻发布会时，首先应制订新闻发布会计划，明确新闻发布会的举行目的、发布内容与主题类型，熟悉其筹备流程，制订详细的发布会会务工作计划；然后应对参加人员进行明确的分工，并加以培训，明确主持人和发言人的职责，准备书面发布材料；接着邀请参会的新闻媒体记者，布置好会场，按正确的流程举行新闻发布会，并做好会中服务工作；最后是做好新闻发布会的善后工作，监测媒体报道情况，测评新闻发布会效果。

知识链接

一、新闻发布会的特征

新闻发布会，也有人把它称为记者招待会、媒体招待会、媒体交流会等。

新闻发布会侧重于发布新闻，分别有以下情况：一是发布关于企业决策、财务状况、产品改革或运营变动等，如企业的上市、重要合作、兼并收购、战略变更、新产品上市等；二是企业在运营过程中，会遇到各种困难甚至危机，如法律纠纷、不当竞争、商业诽谤等，企业想通过大众媒介把这些信息广泛地传播出去，满足公众获取新闻信息的需要，提高企业的知名度和美誉度，就需要举办新闻发布会。

记者招待会、媒体招待会、媒体交流会其实有所不同，它不一定是有新闻要发布，主要目的是和新闻媒体进行沟通交流，联络感情，是企业的一种公关手段，做到“未雨绸缪”以及“防患于未然”。一个做好媒体公关的企业，平时与媒体关系融洽，容易在媒体上展示良好的企业形象。

二、新闻发布会的过程

（一）新闻发布会的前期工作

（1）确定发布会的主题、时间、地点。

（2）根据发布会的需求确定发布会的规模、目标、内容和基础设施。

（3）准备发布会前的资料，如文件资料、PPT、视频、新闻通稿等，如有实地考察和参观采访等环节另行安排。

（4）确定新闻媒体名单并确认到场的媒体。

（二）新闻发布会的中期工作

（1）主持人宣布发布会开始，介绍发布会概况、新闻发言人、媒体单位与来宾。

（2）发言人发布新闻、介绍详细情况，可使用 PPT 和视频展示，如新产品上市或新技术的研发还可以进行技术演示，让媒体记者更为直观记录。

（3）记者根据发布会内容提问，发言人逐一回答，主持人控场，尽量做到每一家媒体都有提问与交流的机会。

（4）主持人宣布结束，在此之前要注意发布会时间的把控。

（5）实地考察、参观采访或其他安排。

（三）新闻发布会的后期工作

（1）检查发布会的媒体邀请名单和到场名单并做好记录。

（2）密切关注媒体发布的相关新闻和信息的立场与倾向，如有与发布会相违背的需要联系相关媒体进行补救解释。

（3）检查发布会效果并反馈给相关领导，做好材料总结与归档。

三、新闻发布会的策划

在做新闻发布会的策划之前，企业相关人员要对新闻媒体议程（媒体的采前会、编前会）、新闻传播途径、新闻话题设置、公众舆论走向、媒体运作机制有深刻理解，同时对新闻发布会主办方所在行业背景、产业动向、竞争对手传播策略有着透彻的分析和把握。具备这些专业知识，才能策划出好的新闻事件，达到好的传播效果。但是，要吸引公众关注首先在形式和内容上要引起媒体兴趣。

（1）借势当前公众关注的新闻事件，迎合新闻热度，释放相关性话题。

（2）借明星、大腕助阵。

（3）结合宏观背景、产业背景、行业背景，为新闻发布会造势，为媒体提供更多新闻由头和报道角度。

（4）借助大型网站优势，发布新闻稿，如美基营销等。

四、新闻发布会的筹备工作要求

（1）根据主题准备好各种材料：发言稿、宣传材料、为记者准备的新闻稿、答记者问的备忘录等。

（2）确定发言人和主持人：发言人应由企业的主要领导人担任；主持人则由公关部负责人担任。两人事先应熟悉发言稿。

（3）确定所邀请记者的范围：根据发布信息的重要性确定所邀记者的范围。但与组织有密切联系的新闻机构和记者不能遗漏。

（4）选择合适的会场：交通方便，设施完善。最好利用大型会务中心、专业新闻中心或大饭店、星级酒店会议室。

（5）做好预算，留有余地。

五、影响媒体记者参加新闻发布会的主要因素

（1）是否对口。综合性报纸和财经类报纸不是泾渭分明的，有跨行业交叉报道的可能，但是对于大多数都市报的记者而言，这种对口性是第一要务。

（2）是否有贴近性。是当地政府活动还是外地政府活动？是本地企业还是外地企业？是央企还是地方龙头企业？都市类媒体更愿意参加具有“本地性”的新闻活动，比如中央电视台和北京电视台记者，经常会遇到相互排挤的状况。

（3）是否有新闻性。中央媒体、全国性媒体和地方都市类媒体在新闻性的判断上是有区别的，在具备一切新闻要素的前提下，中央级综合性媒体更注重报道倾向于大背景、大主题、大角度的切入，而都市类媒体更多地从易于被普通百姓熟知和接受的小角度切入。因此，企业在准备新闻稿的时候，要有若干个版本，并且新闻素材要更丰富。

（4）是否有新闻采访权。很多新闻发布会上出现最多的是平面媒体记者的身影，这是因为新浪、搜狐等门户网站没有新闻采写权，只有几个主流新闻网站像人民网、新华网、千龙网、东方网等有采访权，而像新浪、搜狐等网站提供的内容服务基本上都是“信息集锦”——只能转载，不能独创。所以，为了让新闻发布会内容第一时间出现在网络上，邀请网媒记者出席时应区分清楚哪些能出席，哪些可以原创，哪些只能转载。

（5）主办单位的身份。如果是政府部门举行的新闻发布会，那么跑口记者责无旁贷。但是由于政府部门的车马费一般较低，记者更愿意出席有实力、有知名度的大企业召开的新闻发布会。可想而知，如果既无知名度，又无新闻点，那么要靠什么来吸引媒体呢？

六、新闻发布会的注意事项

（1）事前做好排练，发现问题及时纠正。

（2）对待各媒体记者一视同仁，不能有任何区别。

（3）与组织的宣传口径保持一致。

（4）做好会议的接待和记录工作。

（5）主持人和发言人要注意言谈举止和会场的气氛引导。在发言冷场时，适时引导记者提问，而在记者争相提问时，又要维护好会场秩序。

（6）事先准备好回避问题的方式和技巧。

（7）避免造成对立情绪，在发现对立苗头时，要善于控制和化解。

七、新闻发布会的误区

误区之一：没有新闻的新闻发布会。有些企业似乎有开发布会的嗜好，很多时候，企

业并没有重大的新闻，但为了保持一定的影响力，证明自己的存在，也要时不时地开个发布会。造成的后果是，企业虽然花了不小的精力，但几乎没有成效。新闻性的缺乏使得组织者往往在发布会的形式上挖空心思、绞尽脑汁，热闹倒是热闹了，效果却不见得理想，如果过于喧宾夺主，参会者只是记住了热闹的形式，却忘记了组织者想要表达的内容。

误区之二：新闻发布的主题不清。从企业的立场出发，主办者恨不得把它的祖宗八代的光荣史一股脑端上去，告诉人家什么时候得了金奖，什么时候得到了认证，什么时候得了第一，什么时候捐资助学，但是偏离了主题的东西在媒介眼中，形同废纸。

还有的企业在传播过程中，生怕暴露商业机密，凡涉及具体数据时总是含含糊糊，一谈到敏感话题就“环顾左右而言他”，不是无可奉告就是正在调查。这样一来，媒体想知道的，企业没办法提供；媒体不想搭理的，企业又喋喋不休。

任务实施过程及知识点

一、制订详细的新闻发布会会务工作计划

企业要举办新闻发布会，需要确定其必要性，需要有提议和论证。通常需要考虑的问题主要有：举办的理由是什么、主题如何定、具体计划何时拿出、反对举办的理由有哪些、是否需要准备替代措施等。

提议如果得到领导批准，则可开始制订新闻发布会会务工作计划。工作计划的内容包含以下方面：

（一）确定举行新闻发布会的必要性

在举行新闻发布会之前，必须对所要发布的信息进行认真的研究分析，分析一下这些信息是否重要、发布这些信息的紧迫性与最佳时机、这些信息是否具有广泛传播的新闻价值等。

在企业中通常有必要举行新闻发布会的事件有：新开张；新产品的开发、生产与投放市场；企业重组上市；发生重大（或紧急）事件；受到公众和新闻界的公开批评；开展重大的社会公益活动；重要的人事变动；企业的重要庆典或纪念活动等。

（二）确定新闻发布会的主题和标题

主题是新闻发布会的核心内容，整个活动都要围绕主题开展。选择主题要合适，主要的注意事项有：

（1）应选择新闻价值较大的内容作为发布会的主题。重大、新鲜的新闻才能吸引记者。否则会出现新闻发布会无记者到场的尴尬局面。

（2）新闻主题要单一，内容要简明扼要，在一个新闻发布会上，不能同时发布几个主题新闻。

（3）发布会主题要紧跟时代潮流，有创新性。现在是新媒体融合时代，发布会可以综合多种创新元素，出其不意吸引受众，用深刻而有趣的方式将内容传递出来，让受众有兴趣接收发布会信息。

在召开新闻发布会之前，必须确定会议的中心议题，中心议题一般要包含在发布会标题之中。在选择新闻发布会的标题时，一般需要注意以下几点：

（1）避免使用新闻发布会的字样。我国对新闻发布会是有严格申报、审批程序的。企业信息发布，没有必要如此烦琐，一般企业会直接把发布会的名字定义为“××信息发布会”或“××媒体沟通会”即可。

（2）最好在发布会的标题中说明发布会的主旨内容。如“××公司2016新品信息发布会”。

（3）通常情况下，需要打出会议举办的时间、地点和主办单位。这个可以在发布会主标题下以字体稍小的方式出现。

（4）有时，可以为发布会选择一个具有象征意义的标题。这时，一般可以采取主题加副题的方式。主题表现企业想要表达的主要含义，副题说明发布会的内容，如“海阔天空——××电器收购××信息发布会”。

（三）确定举行新闻发布会的时间与地点

1．确定新闻发布会的时间

举行新闻发布会需要选择最佳时机，以便有关本企业的重要新闻能在最合适的时间里向社会公众进行传播。时间的选择应遵循两个原则：一是要在所传播的信息最具有新闻价值的时候，二是被邀请的记者都能到会。

新闻发布的时间通常也是决定新闻何时播出或刊出的时间。

因为多数平面媒体刊出新闻的时间是在获得信息的第二天，因此要把发布会的时间尽可能安排在周一、二、三的下午为宜，会议时间保证在1小时左右，这样可以相对保证发布会的现场效果和会后见报效果。

发布会应该尽量不选择在上午较早或晚上。部分主办者出于礼貌的考虑，可能安排与记者在发布会后共进午餐或晚餐，这并不可取。如果不是历时较长的邀请记者进行体验式的新闻发布会，一般不需要做类似的安排。

有一些以晚宴酒会形式举行的重大事件发布会，也会邀请记者出席。但应把新闻发布的内容安排在最初的阶段，至少保证记者的采访工作可以比较早地结束，确保媒体次日发稿。

在时间选择上还要避开重要的政治事件和社会事件，媒体对这些事件的大篇幅报道任务，会冲淡企业新闻发布会的传播效果。

2．确定新闻发布会的地点

在地点的选择上，第一，主要考虑要给记者创造各种方便采访的条件，如拍照、录像、灯光、视听辅助工具等。如果是针对化解企业危机类的发布会，则场地可以选择户外

（事件发生的现场，便于摄影记者拍照）。室内发布会可以直接安排在企业的办公场所或者选择酒店。酒店有不同的风格、不同的定位，酒店选择的风格要注意与发布会的内容相统一，符合企业的公关形象。酒店有不同的星级，从企业形象的角度来说，重要的发布会宜选择五星级或四星级酒店。为了体现权威性，可在人民大会堂等权威场所举行（由于审核程序烦琐，企业可委托专业策划公司全程策划筹办）。

第二，考虑交通是否方便，包括离主要媒体、重要人物的远近，交通是否便利，是否方便停车等。会议地点环境要求安静不受干扰。同时，会场的桌椅要尽量适合于记者记录、拍摄使用等。

发布方在寻找新闻发布会的场所时，还必须考虑以下问题：

（1）会议厅容纳人数多少？主席台的大小如何？投影设备、电源是否齐全？布景、胸部麦克风、远程麦克风是否都有？相关服务如何？住宿、酒品、食物、饮料的提供如何？价钱是否合理？有没有空间的浪费？

（2）背景布置。主题背景板内容含主题、会议日期，有的可写上召开城市名称，颜色、字体注意美观大方，颜色可以企业 VI 为基准。注意酒店是否可以代为安排。

（3）酒店外围布置，如酒店外横幅、竖幅、飘空气球、拱形门等。注意酒店是否允许布置，当地市容主管部门是否有规定限制等。

（四）选择新闻发布会的主持人

记者的职业要求和思维习惯会使他们在新闻发布会上提出一些深刻、尖锐而且可能棘手的问题，这就对新闻发布会的主持人与发言人提出了较高的要求。

主持人的作用在于把握主题范围，掌握会议进程，控制会场气氛，促成会议的顺利进行。此外在必要时还承担着消除过分紧张的气氛，化解对立情绪、打破僵局等特殊任务，应由有较高公共关系专业技巧的人担任。

（五）选择新闻发布会的发言人

新闻发布会也是公司要员同媒介打交道的一次很好的机会，值得珍惜。代表公司形象的新闻发言人对公众认知会产生重大影响。如其表现不佳，公司形象无疑也会令人不悦。所以，新闻发言人要透彻地掌握本组织的总体状况及各项方针政策，面对新闻记者的各种提问，需要头脑冷静、思维清晰、反应灵敏，具有很强的语言表达能力，措辞精确，语言精练、流畅，发表的意见具有权威性。新闻发言人一般应具备以下几方面条件：

（1）公司的头面人物之一——新闻发言人应该在公司身居要职，有权代表公司讲话。

（2）良好的形象和表达能力。发言人的知识面要丰富，要有清晰明确的语言表达能力、倾听能力及较快的反应能力，形象包括衣着大方，语言得体等。

（3）执行原定计划并加以灵活调整的能力。

（4）有现场调控能力，可以充分控制和调动发布会现场的气氛。

（六）确定要邀请记者的范围

邀请哪些记者出席新闻发布会应根据所要发布的信息的重要性和影响程度来确定邀请的范围。

从地域范围看，如果新闻内容仅限于本地，则以邀请当地新闻单位的记者出席为主；如果新闻内容涉及较为专门的业务，则以邀请专业性新闻单位记者出席为主；如果新闻内容涉及全国，则邀请全国性的新闻单位记者为主。从传媒范围看，应该邀请各种传播媒介的记者出席，既要有电台、电视台的记者，也要有报纸、杂志的记者，既要有文字记者，也要有摄影记者，以便使本组织发布的重要新闻在社会上形成立体传播的态势。

（七）准备发言提纲和辅导材料

要组织熟悉情况的人成立专门的发言起草小组，全面收集有关资料、信息，写出准确、生动的发言稿供发言人参考。还可以写出报道提纲，在会上发给记者作为采访报道的参考。要特别注意发言稿和报道提纲的内容是否统一，防止会上口径不统一。如有必要，还应提前向与会记者提供与本次新闻发布会有关的背景材料，以便让记者对会议有比较多的了解。

（八）组织记者参观的准备

新闻发布会前后，可以配合会议主题组织记者进行参观活动，给记者创造实地考察、采访、摄影、录像等机会，增加记者对会议主题的感性认识。为使参观活动达到预期目的，应该在会前安排好将要参观的地点，并派专人接待、陪同及介绍情况。

（九）布置会场

布置会场是召开新闻发布会之前的重要准备工作之一。要为新闻发布会创造一个良好的会议环境，要求安静、无干扰，室内座椅舒适，灯光适宜。

（十）制定经费预算

经费预算可按记者招待会不同的规格和规模去进行制定，预算时应留有余地，以备急需。其经费预算一般包括：场租费、会场布置费用、印刷费、饮食费、礼品费、文书用具费、音响器材费、邮费、交通费、电话费、传真费、上网费等。

二、做好新闻发布会会前准备工作

新闻发布会的会前准备工作分以下几步进行：

（一）确定时间、地点、发布内容与主题、发布人、与会媒体

秘书需在正式新闻发布会前 20 天完成确定时间、地点、发布内容与主题、发布人、

与会媒体，最迟 15 天，并在邀请函发出前提前预订会场。要与希望发布时间的日期相配合，促进自身对外宣传，挖掘新闻亮点，制造新闻效应。

发布人一般不要超过 3 人。主持人一般由组织的宣传负责人担任，发言人一般由组织的主要负责人担任，其级别高、有权威性，发言人旁边可配设助理人员。

新闻发布会时间要注意避开重大新闻事件发生的时机。

在媒体邀请的密度上，既不能过多，也不能过少。媒体邀请要注意技巧，既要吸引记者参加，又不能过多透露将要发布的新闻。一般企业应该邀请与自己联系比较紧密的商业领域记者参加，必要时如事件现场气氛热烈，应关照平面媒体记者与摄影记者一起前往。要适当地制造悬念，引起记者对发布会新闻的兴趣，无论企业与某些报社的记者多么熟悉，在新闻发布会之前，重大的新闻内容都不可以透露出去。

（二）准备书面发布材料

秘书应提前一周完成书面发布材料的准备。

需准备的发布材料包括：为发言人提供的材料、给记者的新闻通稿，若有外国媒体则应准备外文翻译材料，若有新产品发布则应重点准备产品信息及公司宣传；组织者名单和拟邀请人员名单，包括领导、客户、同行、媒体记者等，以及领导发言稿、会议议程、时间表、发布会现场布置方案等。与新闻发布会承办者协调规模与价格，签订合同。

若发布会为新产品发布会，需制作的宣传文稿有：

（1）整理制作信息发布系列产品文字介绍。如本公司图文简介内容、产品介绍及已取得的良好社会效果文字介绍。

（2）设计会议宣传海报。在设计海报时，要能体现海报的要求：图文并茂，文字力求简洁，条目清楚明了。根据内容需要，加上美术图案，色彩和构图要醒目、简洁、明快，具有时代气息和装饰美。尽量使海报的设计有创意，让人感觉耳目一新，以增强宣传效果。

（3）拟写会议方案。根据所收集到的材料拟订会议议程和日程，并写出完整、详细的会议方案。

（4）拟写领导发言稿和现场演示人员解说词。

（5）现场演示活动宣传资料。准备一份简明的说明书，以制作视频。

总之，要准备充足的书面发布材料，以充实新闻发布的内容，扩大宣传力度。

（三）通知媒体，回收信息

秘书要以书面形式（如邀请函、请柬等）通知参会的新闻媒体记者，明确发布会的时间、地点及主题等内容。确认参会信息后，制定参会的详细名单。注意计划要周密，有专人负责，适当放大邀请名单。对重要人物要实施公关和追踪，确保其不因安排不周而缺席；做好备用方案，确保新闻发布会参与者的数量及质量。

邀请的时间一般以提前 3 到 5 天为宜，发布会前一天可做适当的提醒。联系比较多的媒体记者可以采取直接电话邀请的方式。相对不是很熟悉的媒体或发布内容比较严肃、庄重时，可以采取书面邀请函的方式。

适当地制造悬念可以引起记者对发布会新闻的兴趣，一种可选的方式是开会前不透露新闻，给记者一个惊喜。“我要在第一时间把这消息报道出来”的想法促使很多媒体都在赶写新闻。如果事先就透露出去，用记者的话说就是“新闻资源已被破坏”，看到别的报纸已经报道出来了，写新闻的热情会大大减弱，甚至不想再发布。

在邀请记者的过程中必须注意，一定要邀请新闻记者，而不能邀请媒体的广告业务部门人员。有时，媒体广告人员希望借助发布会的时机进行业务联系，并做出也可帮助发稿的承诺，此时必须进行回绝。

（四）布置会场

秘书需提前一个工作日进行会场准备和相关会务准备，充分考虑每个细节。大型发布会应选好主持人、礼仪接待人员，选购或制作好相应礼品等，进行相关培训并排练预演。布置会场一般应从以下方面入手：

1．背景布置

主题背景板，内容含主题、会议日期，有的可写上召开城市名称，颜色、字体注意美观大方，颜色可以企业 VI 为基准。要考虑酒店是否可代为安排。

2．席位安排

摆放方式：发布会一般是主席台加下面的课桌式摆放。注意确定主席台人员，需摆放席卡，以方便记者记录发言人姓名。摆放原则是“职位高者靠前靠中，自己人靠边靠后”。

现在很多会议采用主席台只有主持人位和发言席，贵宾坐于下面第一排的方式。一些非正式、讨论性质的会议可以是圆桌摆放式。

摆放“回”字形会议桌的发布会现在也出现得较多，发言人坐在中间，两侧及对面为新闻记者坐席，这样便于沟通，同时也有利于摄影记者拍照。

注意席位的预留，一般在后面应准备一些无桌子的坐席。

3．资料准备与发放

新闻发布会需要准备并提供给媒体的资料，一般包括发给记者的新闻通稿、发言人的发言稿、相关宣传材料、记者提问提纲（答记者问的备忘录）等。所有材料必须事先充分讨论，统一认识、口径，由专门班子起草，在会前打印好。

提供给媒体的资料，一般以广告手提袋或文件袋的形式，整理妥当，按顺序摆放，再在新闻发布会前发放给新闻媒体，次序应为：

（1）会议议程。

（2）新闻通稿。

（3）演讲发言稿。

（4）发言人的背景资料介绍（应包括头衔、主要经历、取得成就等）。

（5）公司宣传册。

（6）产品说明资料（如果是关于新产品的新闻发布的话）。

（7）有关图片。

（8）纪念品（或纪念品领用券）。

（9）企业新闻负责人名片（新闻发布后进一步采访、新闻发表后寄达联络）。

（10）空白信笺、笔（方便记者记录）。

4. 相关设备安排

最主要的道具是麦克风和音响设备。一些需要做电脑展示的内容还需要投影仪、笔记本电脑、连接线、上网连接设备、投影幕布等，相关设备在发布会前要反复调试，保证不出故障。

新闻发布会现场的背景布置和外围布置需要提前安排。一般在大堂、电梯口、转弯处有引导指示欢迎牌，一般酒店都有这项服务。事先可安排礼仪小姐迎宾。如果是在企业内部安排发布会，也要酌情安排人员做记者引导工作。

新闻发布会背景板主要衬托出会议主题，所以在设计及选材上一定要慎重考虑。近年来，新闻发布会主要采用高清晰写真布，这种材料无异味、不反光、高清晰，对新闻发布会的现场气氛营造和媒体摄像都大有好处。

（五）检查准备工作

会前检查应在发布会当天提前1~2个小时完成。

会前检查一切准备工作是否准备就绪，设备等是否到位，是否能正常运行。及时查漏补缺。将会议议程精确到分钟，并制定意外情况补救措施。

三、做好新闻发布会会中服务工作

要按程序做好会中服务工作，在宣传方面主要有接待各方媒体记者和做好会议记录等工作；在服务方面则包括会议期间的食宿、交通工作及突发事件的处理协调工作。

新闻发布会的程序通常为来宾签到、贵宾接待、主持人宣布发布会开始，进行各项发布议程，会后交流、有特别公关需求的人员的个别活动等。主要环节如下：

（1）签到。

（2）分发会议资料。

应发给每位来宾一个事先准备好的资料袋，其中有信息发布稿、技术性说明（新产品发布会必要时发放）、宣传材料和照片以及会上要展示的产品或模型的照片。

（3）宣布会议开始。

会议开始时，主持人应简要说明召集会议的目的、所要发布的信息或事件发生的背景和经过等。

（4）发言人讲话。

（5）回答记者等与会者的提问。

在新闻发布会上，通常在发言人进行发言以后，有一个回答记者问的环节。通过双方的沟通，增强记者对整个新闻事件的理解以及对背景资料的掌握。准备充分、亲和力强的领导人接受媒体专访，可使发布会所发布的新闻素材得到进一步的升华。

在答记者问时，一般由发言人负责回答，必要时，如涉及专业性强的问题，可由他人辅助。

发布会前主办方要准备记者答问备忘提纲，并在事前取得一致意见，尤其是主答和辅助答问者要取得共识。

在发布会的过程中，对于记者的提问应该认真作答，对于无关或过长的提问则可以委婉礼貌地制止，对于涉及企业秘密的问题，有的可以直接、礼貌地告诉记者这是企业机密，一般来说，记者也可以理解，有的则可以委婉作答。不宜采取"无可奉告"的方式。对于复杂而需要大量解释的问题，可以先简单答出要点，邀请其在会后探讨。

有些企业喜欢事先安排好媒体提问的问题，以防止媒体问到尖锐、敏感的问题。建议不采取。

（6）接受重点采访。

（7）会后交流。

四、做好新闻发布会的善后工作

（1）发布会后要监控媒体发布情况，全面收集与会记者在媒体上发表的文章，将其归类分析，检查有无漏发信息。

（2）与相关媒体商量报道问题，必要时应联系媒体在发稿前对稿件先予以核实。

（3）统计已发表的稿件和记者名，计算发稿率，作为今后邀请记者的参考数据。

（4）对已发稿的记者，给予特别的联系和致谢，巩固与他们的友谊。

（5）电话追踪记者对会议的接待、服务的意见。发现问题，及时道歉。

（6）及时整理发布会音像资料、收集会议剪报，制作发布会成果资料集（包括来宾名单、联系方式整理，发布会各媒体报道资料集，发布会总结报告等），作为企业市场部资料保存，并可在此基础上制作相应的宣传资料。

（7）评测新闻发布会效果，收集反馈信息，总结经验。

相关范例样本

深圳市新达科技有限公司新品上市记者招待会策划方案

新达科技是一家专门从事手机生产、研发和销售的公司。为了向广大经销商、代理商、媒体、用户宣布新品上市，宣传新产品，通过发布会将新达科技的新品推向市场，增加知名度；在产品原有的基础上，进一步提升新达其他型号手机在市场上的知名度，促进产品销售，深圳市新达科技有限公司特召开记者招待会。此次招待会具体方案如下：

一、记者招待会主题

全新新达·开启美丽新世界。

二、记者招待会主办单位

深圳市新达科技有限公司。

三、记者招待会时间

2017年3月25日14：00—16：30。

四、记者招待会地点

深圳市希尔顿皇家酒店三楼发布厅。

五、记者招待会参与人员

深圳市新达科技有限公司相关领导与员工、各地经销商代表、社会名流、媒体邀请人员。

新闻媒体：深圳电视台、深圳晚报、深圳广播电台、深圳日报、深圳各大移动媒体等。

六、记者招待会前期工作

（一）记者招待会场地与会场布置准备

招待会场地与会场布置是记者招待会活动的重要组成部分，既专业又琐碎，招待会场地的选择、会场布置的优劣与招待会活动的效果息息相关。以下是本次记者招待会会场布置安排：

会场地点	招待会名称	时间	会场准备（活动开始的前一天完成）	会场负责人及工作人员
深圳市希尔顿皇家酒店三楼发布厅	深圳市新达科技有限公司新品上市记者招待会	3月25日 14：00—16：30	1. 招待会舞台喷绘背景主题板、两边绿色植物、小盆花、布标、花篮等装饰用品准备齐全 2. 招待会舞台铺放红地毯 3. 话筒、音响音乐等设备调试完善 4. 嘉宾席布置，座签、茶水等 5. 观众席指示牌、座位摆放 6. 安排好礼仪小姐	张峰、刘春玲、杨林、赵凯等12人

（二）记者招待会后勤及安保准备

对于招待会活动而言，后勤准备工作是最需要花精力去考虑的一个部分，也是较为琐碎的部分，服务的好坏对与会人员能否精力充沛、情绪饱满地参加会议影响甚大。

七、记者招待会中期工作

记者招待会中期的工作是整场招待会活动的主体，是一场活动能否成功举办的最关键一项工作。所以，中期工作必须安排完整妥当的活动议程，条理清晰、一目了然。以下是本次记者招待会活动议程安排：

深圳市新达科技有限公司新品上市记者招待会议程安排

时间	2017年3月25日14：00—16：30
地点	深圳市希尔顿皇家酒店三楼发布厅
人员	约50人，其中：应邀嘉宾、单位代表约15人；媒体人员20人；公司人员15人
一、序幕	
14：00—14：30	公司负责人、员工等全体就位
	应邀嘉宾、单位代表等就座
	媒体记者代表入场、就座
注：会场反复播放穿插《迎宾曲》	
二、准备	
14：30—14：40	招待会主持人致开场词，介绍活动背景，介绍参加招待会的部分来宾单位和个人
14：40—15：00	总经理致辞
15：00—16：00	记者问答环节
16：00—16：20	主持人宣布招待会结束
三、后续	
16：20—16：30	因记者团需要采访材料和设备，所以待记者团整理完毕后由记者区服务人员引导从出口离场

八、记者招待会后期工作

记者招待会后期工作是通过评估总结招待会活动的筹备、实施和运作，并通过后续的总结评估工作，对活动的未来进行新的分析评价。

（一）记者招待会评估

记者招待会评估是招待会工作后续管理的核心，总结本次招待会的经验教训，找出活动过程中的不足之处，为以后的招待会工作提供建议，提供完善的管理体系和提高管理服务水平。

（二）记者招待会后的工作

(1) 尽量整理出记者招待会的记录资料，对记者招待会的组织、布置、主持、回答等各方面工作的经验和不足做出评价和总结，并归档备查。

(2) 收集到会记者发出的报道资料，并对这些报道内容及倾向进行归类分析。通过分析来检查是否达到了记者招待会的预期目标，是否由于失误而造成谬误。对于不利于组织的报道，则应采取行动说明真相，要求媒体更正。对于检查出的问题要分析原因并设法弥补。

(3) 收集到会记者及其他与会代表对记者招待会的反应，了解接待、议程安排等工作是否有不当之处，并对照签到簿看哪些记者对该会进行了报道，以作为日后举办同类会议的邀请名单的参考。

九、记者招待会人员分工

记者招待会人员分工是会议活动顺利展开的重要要素，合理的人员分工不仅能让活动顺利开展，还能有效地把复杂的活动有条不紊地开展。以下是本次记者招待会人员分工：

深圳市新达科技有限公司新品上市记者招待会活动人员分工

组别	工作内容	负责人	备注
接待组	1. 拟写接待工作的整体方案，组织、培训和安排礼仪人员 2. 安排来宾报到、登记、纪念品的发放（桌次、程序、材料袋等发放）、临时休息室、贵宾标志的配发 3. 负责安排重要来宾的接待、参观 4. 引导领导及来宾就座 5. 接待物品准备（鲜花、贵宾签到簿、文房四宝、水果、茶水等）	张涛 王建 钟丹 李杰 何丽	需知道相关人员的电话号码，以免特殊情况发生
联络组	1. 联系相关参会人员 2. 邀请新闻媒体 3. 准备相关的地图路线给参会人员 4. 检查相关设备的安全	钟梅 陈苗	随时保证电话畅通，注意电话礼仪
宣传工作组	1. 负责签到处、指示牌、横批等设计制作工作 2. 现场拍照摄像并制作成光盘或宣传册 3. 新闻采编与制作	范涛 邓高峰 徐丹丹	内容符合记者招待会要求；新闻制作需细心，确保优质
会场组	会场的布置，包括道具、灯光舞美、音响等设备的准备	陈峰 张小风	确保各个会场的设施安全
后勤组	1. 饮用水供应 2. 招待会卫生环境改善 3. 招待会配套设施保障	王涛 李建	注意饮用水的卫生；现场确保干净、卫生、整洁
安全保卫组	1. 活动安全预案的制定与实施 2. 安全隐患的排查与整改 3. 消防、交通、周边环境安全的协调与整治 4. 车辆停放安排管理 5. 警戒线规划与落实	吴裕 田伟伟 王旭婉	注意会场上的安全，维护人群秩序，防止外来闲杂人物和可疑人物的进出

十、记者招待会经费预算

本次记者招待会经费预算主要是招待会支出。以下是具体经费预算。

深圳市新达科技有限公司新品上市记者招待会经费预算

项目名称	规格	数量	单价	合计/元
一、场景布置				
场地背景	30 米×3 米，由钢架、组合板及喷绘组成	1 个	3 000 元/个	3 000
场地搭建	30 米×10 米场地，包括红地毯	1 个	5 000 元/天	5 000
音响设备	大音响、话筒全套配置，租用	1 套	3 000/天	3 000
灯光设备	现场灯光、追光等	1 套	3 000/天	3 000
祝贺花篮	西式 1 层，插 8 种以上鲜花，带 2 条飘带	10 个	100/个	1 000
二、活动用品				
胸花	由高档玫瑰制成，迎宾时为贵宾佩戴	50 套	10 元/套	500
请柬	用于贵宾、嘉宾、媒体记者	50 张	10 元/张	500
签到用具	用于来宾签名题词，含签到簿、签到笔	2 套	20 元/套	40
矿泉水	用于饮用	5 箱	30 元/箱	150
三、媒体广告				
广告费	电视台、电台、报纸、网络等媒体广告	1 次	10 000/次	10 000
四、其他费用				
临时性费用	用于临时性的其他支出	略	略	5 000
总计：31 190 元				

十一、记者招待会注意事项

（1）所有参与人员都必须出示相关邀请资料方可进入现场。

（2）所有服务工作人员都必须统一着装，佩戴工作牌。

（3）维持秩序的人员要做好会场上的安全工作以及人员、车辆的疏通。

（4）主持人应充分发挥主持和组织作用。当会议冷场时，活跃会议气氛，引导记者踊跃提问。

（5）主持人对于发布的信息资料必须做到准确无误，若发现错误应及时纠正。

（6）不应随意打断记者的提问，也不应以各种动作、表情和言语对记者表示不满。

思考与练习

一、问答题

1. 召开新产品发布会要做哪些额外准备？
2. 如何准备以公关为主的新闻发布会？
3. 新闻发布会结束后还要做哪些工作？

二、实训题

天地公司新建厂房发生了坍塌事件，造成4人受伤。请拟写一个新闻发布会筹备方案，及时召开新闻发布会，做好此次危机公关工作。

三、案例分析

1. 20世纪50年代，周恩来总理在北京的一次记者招待会上，介绍了我国经济建设成就和对外方针之后，请记者们提问题。一位西方记者问道："请问，中国人民银行有多少资金?"这一问语既是讥笑我国经济贫乏，又涉及国家机密。周恩来巧妙地回答道："中国人民银行发行面额为10元、5元、2元、1元、5角、2角、1角、5分、2分、1分共10种主辅人民币，合计18元8角8分。"这里，周恩来将提问的中国人民银行资金总额转换为中国人民银行发行的货币面额，来了个"李代桃僵"。这样，既婉拒了对资金总额问题的回答，又没有破坏招待会的和谐气氛。

请分析作为一个新闻发布会的发言人，如何巧妙应对记者提出的难以回答的问题。

2. MB公司的新任总经理吴女士明天将在公司与Y公司的合作签约仪式上，第一次和公司主要的几个大客户以及当地的新闻媒体见面。她为了使这次亮相能够顺利和精彩，事先特别要求她的助理为她提供一张此次会议的议程表和受邀请的嘉宾以及媒体的名单，但是她的助理陈小姐认为吴总此举过于谨慎，多此一举。她推说议程表和嘉宾、媒体的名单还未能打印出来，没有请吴总过目。

第二天，已坐在主席台上准备介绍来宾的吴总突然发现，给她的嘉宾名单与坐在台上的嘉宾根本对不上号，而且，到场的媒体有一些也是她不愿意见到的，她感到十分恼火。情急之下，她只能以自己刚上任、情况还不熟悉为由，请公司的行政总监替她介绍到场嘉宾。可是，麻烦并没有到此结束，在之后的新闻发布会上，有几家媒体向她提出了一些很棘手的问题，令吴总很是难堪。会后，她又发现，公司提供给媒体的新闻稿中有关她履历背景的一段内容有多处错误。她实在不知道公司给她配的助理陈小姐都在忙些什么，一气之下，她辞退了陈小姐。

请问：总经理助理陈小姐的工作有什么失误？如何才能做好新闻发布会的筹备与组织工作？

模块 5

会　展

学习目标

1. 了解会展与会展服务的含义
2. 了解会展的分类和会展活动的特点
3. 了解参展宣传的意义
4. 掌握参展宣传的方法

技能目标

1. 能够选择合适的展览方式
2. 组织参展活动

任务 9　展览会

案例启示

在一次全国春季糖酒商品交易会上，由参展企业——生产啤酒的华润蓝剑公司投资千万元策划的“多米诺骨牌”竞技游戏，在成都的天府广场举行展览会，吸引了两百多名志愿者参与，七万多名市民赶来观看，全国几百家媒体争相报道，一时间，成都糖酒会、华润蓝剑、多米诺骨牌游戏成了人们热议的话题。

案例来源：向阳．秘书会务管理［M］．北京：北京大学出版社，2009.

分析：从这个案例可以看出，展览会可以为企业带来巨大的利益，这次活动的成功，为展览会制造了声势，产生了很好的宣传效应和新闻效应，使办展方和参展企业受益巨大。

任务引入

任务背景：美颜酒业有限公司组织参与地区世客会展销活动，推出世客会产品——龙酒和凤酒。

任务：总经理让其秘书兼助理林路负责此次新产品的参展活动。

任务分析

展会形式多样、种类繁多，对于参展商来说，选展是第一步。选展前，要求参展方能够充分地与办展方沟通，了解展会的规模、性质、内容和相关服务等；还需要参展商提前做好参展工作。通常情况下，参加大型展会的准备工作，需要提前一年就开始做。在参展时，要注重企业形象的展览展示，所以展品的准备、目标客户的约定、展位的设计搭建等工作都必须进行周密细致的策划，确保参展成功，达到预期目的。

知识链接

一、会展与会展服务

（一）会展的含义

会展是会议、展览等集体性商业或非商业活动的简称，是指在一定的地域空间，多个人集聚在一起形成的定期或不定期、制度或非制度的集体性的物质、文化交流活动，其基本形式主要有会议、展览会、博览会、交易会、展销会、展示会等。现代会展作为一种经济产业及城市的社会生活方式和文化现象，作用日趋重要，它给人们提供了信息交换、商品购销、情感交流、文化娱乐的重要平台。

（二）会展服务的含义

广义的会展服务是指会展企业和与会展相关的企业向会展活动的主办者、承办者、与会者、参展者、客商及观众所提供的全方位服务，包括会展策划、会展筹备和组织、会展接待、会展文案制作、广告宣传等各方面的服务。在广义的会展服务中，以会展服务企业为主体，但其他相关企业如宾馆、餐馆、旅行社、银行、广告公司、保险公司等，都可以在会展活动中提供有特色的服务。

狭义的会展服务是指在会展活动中，由主办方或承办方向与会者、参展者、客商及观众所提供的各项服务，主要包括采访、接待、礼仪、交通、运输、后勤、旅游、文书、通信、金融、展台设计、展具制作、展台搭建等方面。狭义的会展服务项目主要是由主办方或承办方提供的，或者通过主办者或承办者提供的间接服务。如展会期间的金融和保险服务，可由主办方或承办方提供代理服务。

二、会展的主要利益群体

会展的举办主要涉及办展机构、参展机构和观展群体三方面。

（1）办展机构：是指负责会展的组织、策划、招展和招商等事宜的有关单位，可以是企业、行业协会、政府部门和新闻媒体等。根据在办展过程中的作用不同，办展机构可分为主办单位、承办单位、协办单位、支持单位。

（2）参展机构：是指受会展组织者邀请，通过订立参展协议书（或会展合同），于特定时间，在展出场所展示产品或者服务，以宣传自身形象、推出新的产品或服务、寻找新的目标顾客、实现销售与订货等营销目的的组织。

（3）观展群体：是指入场参观、与参展商进行洽谈的自然人、企业以及其他相关的组织。包括普通观众和专业观众两类。

普通观众：观展的主要目的只是满足好奇心，一般不会与参展机构有大笔交易。

专业观众：一般是展览题材所在行业或相关行业的人士，其参展主要目的是了解参展机构的产品或服务，并寻求贸易或合作机会，是举办展览会的目标观众。

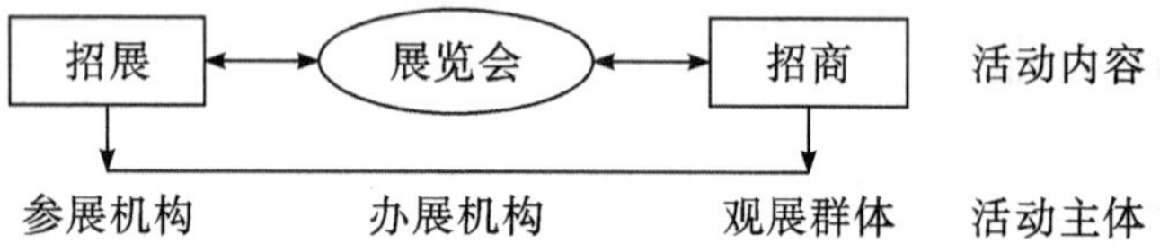

图 5－1　办展方、参展方、观展方三者关系图

三、会展的分类及会展活动的特点

会展根据分类标准的不同而不同，按会展内容可分为专业性会展和综合性会展；按会展性质可分为贸易性会展（即商贸会展）和消费性会展（即消费者会展）；按会展的参与者范围可分为国际会展、国内会展、区域会展、地方会展和公司会展；按会展是否定期可分为定期会展和不定期会展；按会展的展览方式可分为实地会展和虚拟会展。

不管是哪一种会展，最常见的活动方式是会议活动、商业性展览活动以及节事活动。三种活动方式的特点如表 5－1 所示。

表 5－1　三种会展活动方式的特点比较

会议活动	商业性展览活动	节事活动
1. 专业导向	1. 市场导向	1. 社会导向
2. 重复性小	2. 重复性强	2. 重复性视情况而异
3. 场地分散、时间较短	3. 场地大、时间较长	3. 场地大、时间短
4. 依赖场馆提供的全面服务	4. 展台搭建、运输等服务由承办商负责	4. 所需提供服务较少，但安全保障要求较高
5. 餐饮服务要求全面	5. 基本的餐饮服务要求	5. 无餐饮服务要求
6. 与会人数一般较展览会少，且多为专业人士	6. 参与人数较多	6. 参与人数极多且杂

四、参展宣传的意义与方法

（一）参展宣传的意义

（1）扩大声势，提升形象。若参展商的展前宣传工作做得好，展出时将会吸引众多客户前来观摩；若能吸引业内有重大影响力的龙头企业代表前来观展，将为参展企业带来意想不到的效果。大客户的光临，往往会提升企业的形象，还可能影响其他潜在的客户与本企业成交。

（2）加大发布力度。不少企业把参展作为一种新的营销方式，总是把展会办成新产品（或新服务）的新闻发布会。通常情况下，高质量的展览会通过展前宣传，会有很多潜在客户参加，这将为企业发布新产品（或新服务）的消息提供很好的传播途径。

（3）巩固客户关系。在展览会上，参展企业周密策划展览，精心挑选产品，巧妙布置现场，细心安排礼仪，都将有利于巩固客户关系，促进贸易成交。

（二）参展宣传的方法

（1）贴附宣传标签。贴附宣传标签是一种经济实用的办法。在展览会开幕前，可将宣传标签贴附在递给目标观众的信件上。注意：宣传标签要贴在信纸上，不能贴在信封上，因为在邮局分拣信件时，工作人员往往会揭掉附在信封上的东西。

（2）邀请函。参展商可用邀请函的形式，将组委会提供的宣传材料（包括宣传册、入门证）、关于公司展台的说明等转发给客户。邀请函要能引起客户的阅读兴趣，还要给客户留下良好的印象，因此建议在邀请函上写上客户的名字，最好还有邀请人的签字，如果是让与客户有生意联系的人来签字，效果会更好。

（3）邀请册。邀请册要包含展览会名称、地点、日期、徽标，公司名册和邮政地址，展台电话号码，展览活动安排及各项主题，展览口号，提供的特色服务或活动，展台值班人员等信息。

（4）免费入场券。参展商可向展览会组委会索取或以折扣价购买入场券并免费发放给客户，客户非常看重这一点。邀请册中一般夹有凭条，客户可在展览会场外换取入场券。

（5）外部广告。可在展览中心围墙或展厅内规定的位置上张贴广告，这样的招贴画、广告台、霓虹灯饰广告能在展馆内外形成强烈的视觉冲击，吸引观众观看。参展商还可以在展览举办城市里设立广告宣传设施。

（6）报刊广告。在大型贸易展览会开幕前，展览会定期刊物或者展业杂志上往往为参展商发布关于本公司参展及展台详细位置的广告，这样的广告常见于报刊的补白部分。

（7）会刊广告。参展商除登录展览会会刊和观众信息系统外，还可以在会刊上刊登广告和公司的徽标、商标。虽然观众信息系统在展览馆内具有较高的广告价值，但观众可在展览会结束后长期保存会刊，并在必要时作为参考。

（8）礼品和抽奖活动。如果知道可以领取礼品，无论礼品多少，客户都有可能前来参观展台。每年发放的礼品若能构成一个收藏系列，效果会很突出，但是需要注意，礼品发放不能影响展台正常工作。

（9）展台娱乐活动。参展商应尽可能使观众在展台前获得兴奋难忘的“展台经历”，但是活动要与展品展示有关，不能变成与展品毫不相干的纯粹娱乐。这类活动应作为展出活动的组成部分，要写进发给观众的邀请册里。

五、参展选择应避免的问题

在展会的选择中，参展商既要考虑所在企业自身的实际情况，又要考虑市场的现实情况；要留心展览会的“历史”、核实展览承办方的实力、摸清展览会的规模、关注展览会的内容、查看展览会的宣传和场馆、重视展览的展期；注重展览承办方的诚信等。此外要注意避免因为被邀请就匆忙选择某展览会，或者因为费用低、评价好而不加分析地选择某展览会，更不能因为竞争对手参加而选择某展览会。

任务实施过程及知识点

一、确定参展的主要目标

企业参展应首先明确自己的主要目标是什么，才能在此基础上寻找适当的会展并策划科学、合理的参展方案。企业参展的目标一般有：

（1）树立和维护本企业良好的形象，提高企业品牌的知名度和美誉度。

（2）开发新市场、寻找新客户。

（3）介绍新产品、新服务。

（4）取得产品或服务的订单或合同。

（5）物色代理商、加盟商、批发商、合作伙伴。

（6）研究当地市场，了解竞争者情况和行业发展最新资讯。

企业进行展览选择的目的是找出最有助于达到展出目的的展览会。在理论上，应该事先制定展出目标再选择展览会，因为展览会为展出目标服务，但在实际工作中，也常常是先选择展览会，再制定展出目标。企业应根据自己的实际，灵活变通。

二、选择合适的展览会

选择展览会是一项必要的前期工作，目的是选择出满足展出者营销战略需要、效益佳、质量高的展览会。企业选择展会应考虑以下因素：

（一）展览种类和特性的选择

展览种类的选择是指在特定市场、特定期间和特定行业里选择类似的展览会。会展是一项极为复杂的系统工程，受制因素很多，从制订计划、市场调研、展位选择、展品征集、报关运输、客户邀请、展览布置、展览宣传、组织成交直至展品回运，形成一个互相影响、互相制约的有机整体，只有了解这些特性，才能收到预期的效果。

（二）展会性质的选择

每个展会都有自己不同的性质。按展览目的可分为形象展和业务展；按行业设置可分为行业展和综合展；按观众构成可分为公众展和专业展；按贸易方式可分为零售展和订货展；按参展企业可分为综合展、贸易展、消费展等。在选择展会时，参展商必须先对展会的性质做出一个正确的评判，以免误入不合适的展会。例如法国巴黎国际展览会，虽然历史悠久、规模庞大，但它是消费性质的展会而非贸易性质的展会，所以并不适合贸易企业参展。

（三）展会时间、地点的选择

大部分产品都有特定的订货季节，也就是订货高峰，在订货季节期间举办的展会，成交的可能性会大一些，因此展会时间应重点考虑。其他的考虑因素包括配额年度、财政年度等，一般的规律是前松后紧，上半年额度多，经费松，订货就可能多些。另外，参展企业还要考虑自己的时间日程是否能安排过来。

展览会的举办地点一是可以从贸易角度考虑，即展会地点是不是生产或流通中心，在生产或流通中心城市举办的展会有着得天独厚的优势，展出效果要好些；二是从与会者的角度考虑，即展览地点吃住是否便利。

（四）展出方式的选择

展出方式可以分为集体展出和单独展出两类。集体展出是指由政府部门、贸促机构、行业协会甚至公司组织的有两个以上参展企业的展出形式；单独展出，是指参展企业独立完成的展出形式。

集体办展的形式多为综合单独展览会，如东京中国经济贸易展览会、大阪中国五金矿产展览会等。参展企业应对集体展出项目做较全面的调查，以便有的放矢。

单独展出包括企业直接参加一个展会和企业独立组织展会。单独参展自主权比较大，可以设计出自己的特色，显示实力，但需要花费相当大的财力、物力。

（五）目标观众的选择

展会上万头攒动，熙熙攘攘，但对某一参展商来说不一定都是目标观众，展会需要专业观众，因为他们是参展商的潜在客户。专业展已成为展会发展的趋势，市场细分的结果是：参展商要进一步明确产品市场、客户定位，没有必要每个展会都去；主办者要非常明确展会的主题，要知道邀请哪些参展商及目标观众。

三、参展申请与确定展位

（1）与选择好的办展单位联系，让对方传真或邮寄招展资料。

（2）了解参展所需各项费用及其付款方式，考虑汇率波动，初步进行参展的财务预算。

（3）预订展位。展台的位置由主办方全盘规划，一般按照产品和服务的内容、行业、地区、展位费等因素安排，办展机构对展位安排一般遵循“先申请先安排”的原则，如果想要得到好的展位，参展方应尽早申请。

（4）与办展方签订参展合同并按合同要求履行义务，支付展位租金或定金等。

四、参展的方案策划

（1）选择并准备参展产品，设计其用于参展的特有标识。

（2）根据每一类、每一种拟展示品牌的特点，设计其适宜的展示方式。

（3）根据塑造品牌形象的需要，设计参展展台的结构、装潢装饰以及与展台相配的各种声、光、电效果，同时报办展方批准。

（4）制订参展前的宣传推广计划。参展前的宣传计划包括与国内外潜在客户及目前顾客联络、宣传广告的设计、展览宣传册和其他宣传资料的设计、宣传媒介的选用等。

（5）设计参展时的活动方案。参展时的活动方案包括对展览期间的各种信息发布、产品推介、现场促销、展览礼仪、模特走秀等的策划，形成一种立体的宣传攻势，争取最佳的营销宣传效果。

（6）设计参展人力资源的配置和培训方案。除了要规划参展的本企业员工职责分工和技能培训，还应对拟短期聘请的代言人、翻译、模特、公关、营销人员的着装和风度进行设计，并对其参加各种活动所需技能确立培训方案。

（7）尽量全面掌握前人办展所遇到的意外情况及其采取的应急措施，在此基础上设计尽可能详细的参展应急预案。

（8）对参展涉及的各项费用进行详细预算。

五、参展前的筹备工作

参展商在决定参展后有一系列工作要做，具体参见展出工作日程表（见表5－2）。

表5－2　××企业展出工作日程表

展会名称：

时间：

序号	工作项目	距开幕期/个月	完成情况
1	向组织者索取资料、申请表	18	
2	决定参展	12～15	
3	确定预算	12～15	
4	预订场地、展位	12～15	
5	指定项目协调人	12	
6	筹备会议	12	
7	要求设计施工单位报价	12	
8	制订展出工作详细计划	11	
9	选择展品	11	
10	制定详细预算	11	
11	委托设计工作	10	
12	预租展位、展具、用具	6～8	
13	选定运输公司，安排运输日期	8	
14	内部审查设计	8	
15	设计送展会审查目录	8	
16	展会目录登载内容寄展会组织者	7	
17	计划编印展出资料	7	
18	选定广告代理	7	
19	准备编辑展出资料	6	
20	预订旅馆	6	
21	选定展台人员	6	
22	预订航班	6	
23	办理保险	6	
24	调整预算	6	
25	选定施工单位	5	
26	准备直接发函名单	5	
27	预定临时雇用人员	5	
28	开始刊登广告	4	

（续上表）

序号	工作项目	距开幕期/个月	完成情况
29	展品、道具交运输公司发送	3～4	
30	选定展出地运输代理	4	
31	索取入场证	4	
32	向潜在客户直接发函邀请参观展台	1	
33	展台工作	0	
34	安排展品、道具回运、处理	0	

在企业展出工作日程表中，可以说，每一项工作都要精心地策划、管理才能达到预期效果。而委托设计工作，预租展位、展具、用具，选定运输公司，安排运输日期，特别是展台工作则是参展商在实施展会过程中非常重要的环节。

六、参展时的展台工作

参展商的展台工作主要有接待客户、与客户洽谈、记录、联络和公关、展场调研、操作示范、资料管理、相关活动、现场销售等。

（一）接待客户

接待工作的主要内容是发现新客户并与之建立联系，以及保持、巩固与老客户的联系。接待安排可以是随意的，也可以是预约的。最好将预约接待安排在观众少的时间，以减少会谈时间的打扰，同时也避免失去接待其他客户的机会。

接待对象可以分为重要客户、现有客户、潜在客户、普通观众等。重要客户，不论是现有的还是潜在的，最好列出名单，事先告知展台人员。如果发现重要客户前来参观，要予以特别的接待。要接待好现有的客户，维护好关系。但是如果不是洽谈业务，就不要因为他们而耽误接触新客户，可以约他们在闭馆后一起活动。接待潜在客户是展览会的最大优势、最大价值所在，也是展台最重要的工作之一。普通观众一般没有贸易价值，与展出目标没有直接关系，因此，不要耗费时间和精力接待普通观众，但是注意不能没有礼貌。可以巧妙一点，客气地打招呼，简略地解答问题，尽快结束交谈。

（二）与客户洽谈

洽谈工作与接待工作紧密相连，它的重要内容之一是推销，推销公司的产品和服务，推销公司形象。有效的推销会使潜在客户对展出公司产生信任，对展出的产品、服务产生兴趣，会使现有客户对新产品产生兴趣和购买意向。达到这一步，就开始进入洽谈阶段。要积极地争取与现有客户签订新的贸易合同。但是对新客户的大宗买卖及投资项目要慎重，不宜当场签约。任何决定都必须在彻底调查之后做出。报价、条件再好，也要保持慎重的态度，尤其是对展会临结束前提出的大宗买卖和投资项目要警惕。"趁热打铁"的观念不可使用在展会上。展会的关键功能是建立新的关系，展会之后还需要做调查工作，知根知底后再签大笔买卖和大项目投资。推销工作的成果表现在签订贸易合同上。

（三）记录

记录对展会评估和展会后续工作都很重要。展台记录的范围可以很广，但是主要记录的是接待和洽谈工作。记录方式有多种，常见的有收名片，使用登记簿、记录表格、电子表格、电子记录设备等。记录内容、格式应在展览会前准备好。记录内容根据工作需要选定，不要忽略任何重要信息，也不要记录没有价值的内容。记录格式设计主要考虑使用方便和效率。展会开幕前，必须让展台人员熟悉记录表格。记录表格最好是复写式，一式多份：一份留给当地机构或代理；一份尽快发回总部；一份留在展台，用于存档和后续工作。复写式表格的每份都要注明去向和用途。如果是单页式表格，可以在一天结束时或指定时间将表格内有关情况摘出发回总部，以便于迅速处理。

（四）联络和公关

联络和公关工作主要有客户邀请、接待室工作、赠送礼品等。

客户邀请工作在展前已大规模做过。在展会期间，仍应视需要继续做客户邀请工作。展会期间的客户邀请工作主要限于重要的现有客户和潜在客户。

接待室工作是展台工作的一部分。接待工作做得好，也是展出成功的条件之一。展会应用于有价值的客户和贵宾，事先要向展台人员明确说明谁可以使用、什么时候使用。接待室是接待、洽谈、签约的地方，气氛要轻松一些。但是要避免形成娱乐、休闲的气氛，避免接待室成为观众和展台人员休息的场所，要保持接待室做生意的气氛。接待室的招待品可以分等级提供，如软饮料、酒精饮料、快餐、正餐等。招待标准要按预算定，要注重效果。接待室要保持干净整洁。接待工作做得好，也是展出成功的条件之一。

展出工作一般都会配备礼品，做好礼品管理工作要明确赠送档次，一般档次分贵宾礼品和工作用礼品。在正常情况下，第一天重要人物最多，最后一天最少。每天使用多少要有数，不要早早用完。礼品可以事先包装好，免得临时送礼来不及包装。在赠送礼品后要进行登记，一方面是为了管理，另一方面是为了以后再送礼时方便做出相应安排。

（五）展场调研

贸易展会不仅是买卖场所，也是理想的调研场所。展会本身就是一个市场，是一个人员众多、气氛宽松的市场。在展会上做调研节省费用、节约时间，进行信息采访，询问市场、产品甚至竞争者的情况比在其他环境中容易。在展会上，展出者和参观者都不介意回答一些问题，有些甚至很乐意提供意见和建议。而在其他场合，就不是那么容易获得答复。据称，有关市场的任何问题都可以通过展会的调研获得结果。在展会上的调研范围和内容可根据展出需要与条件安排。

调研工作可以委托专业公司做，也可以由展台人员自己做。专业调研公司的工作质量高，但是他们的产品专业知识可能不是太全面。另外，由于经费、人员等方面原因，展出者大部分自己做调研工作。

展场调研的途径和方式可以是多种多样的。可以以展台为阵地，主要针对参观者做调研，了解参观者对产品或服务的意见及建议，询问参观者对产品或服务的需求和要求，以及参观者对市场和发展趋势的看法等。可以抽空参观其他展台，尤其是竞争对手的展台，主要针对竞争对手做调研，收集资料、询问情况，了解竞争对手的展示手段、销售方式、宣传方式、新产品、新技术、产品质量、价格、包装、性能等方面的情况。可以在参加展会期间召开研讨会，这主要是针对市场做调研。展会的研讨会是一个了解市场和行业发展趋势的好机会。一方面发言人会做出推论、预测，另一方面参加者所表现出的兴趣（比如出席人的多少、出席人的问题等）也可以作为预测的标准之一。此外，在研讨会上可以寻找发现重要的潜在客户，还可以阅读新闻报道、贸易刊物、官方报告等，了解综合性质和宏观性质的情况。调研工作不仅仅是收集信息，还包括统计、分析和总结。

（六）操作示范

对展品进行操作表演更能吸引观众注意，能使客户更加了解产品而使客户更快地做购买的决定。因此，在有能力和条件的情况下，应考虑安排操作示范。

如果安排了操作示范，要事先再三检查产品，确保能正常操作表演。任何事故都会带来难堪、损坏公司形象，也会直接导致生意流失。操作表演要视情况安排保卫人员和办理保险，以防意外。此外也要警惕竞争对手做手脚。若有规定，还需事先征得展览会组织者同意。在操作示范时，次数安排要适当，可以定时操作表演展品，多了效果并不一定好。如果有音像设备，使用时要控制音量、调整屏幕角度，不要影响周围展台，避免造成麻烦。

（七）资料管理

展台资料包括公司介绍、产品目录、产品说明、服务说明、展出介绍、价格单、展台人员名片等。资料的管理工作包括控制散发数量、控制散发对象、撤下残损的资料、添加新的资料、补充库存等。展台资料需要管理，管理使用得当，资料可以有效发挥宣传、推销的作用；管理使用不当，资料便会被丢弃、被浪费。

资料要有针对性地散发，可以分层地向目标观众寄发、散发。资料可以分为两类：一类是可以散发给每一个参观者的简单的、成本低的资料，包括单页和折页资料；另一类是提供给专业参观者的成套的、成本高的资料，一般不宜当场提供，最好是展览会后邮寄给客户。

供散发的展台资料放在参观者方便拿取的地方，可以使用资料架（台），但是要注意摆放位置，不要影响正常的展台工作，也不要影响观众正常行走，不要对称地放置、摆放太整齐或摆放成几何图案，以免被误认为是展品而不敢拿取。此外，展台资料不宜大量堆放，而要均匀散发，可以由展台人员直接散发或少量地放置在展台上，不断地添加，以免滥发造成浪费。散发的资料要有数量控制，以便整个展会期间都能正常地供应。不要在展览结束时，还剩余很多专门印刷却无法用于其他场合的资料，或者在展览还没有结束已无资料可发。

向客户提供贸易资料编印成本一般很高，控制可以严格一些。资料可以放在接待室或资料柜内，不要让参观者自由拿取，而由展台人员有选择地提供给有价值、真正需要资料的客户。据调查，许多真正的客户往往不愿意携带很多资料，而且基本不翻阅在展会上收集到的资料。因此在展台上可以不直接提供贸易资料，只配备少量资料用于洽谈参考。这样也可以使展台人员和参观者集中精力交谈。在进行贸易细节洽谈时，可以使用直接相关、辅助洽谈的资料。若客户需要资料，可填写索取表，展出者当天或展后安排邮寄。

统计显示，50%的人没有目的或者目的不明确地到处收集资料，最终将所收集的资料留在餐馆的饭桌上、汽车座椅上或废纸篓里。即使拿到办公室也是放到资料堆里，“有时间再看”，实际上是不会有时间再看的。英国人称这类人为“资料收集者”，没有明确目的却到处索取资料，最终可能一扔了之。因此要管理好资料，不能将贵重资料提供给这类人。

（八）相关活动

展览会可能会安排一些活动，包括开幕式、新闻发布会、招待会、研讨会、贵宾访问、采购团等。这些活动与展出都有关系，展出者应予以足够的重视，并视需要积极参与或充分利用。

展会开幕式是展览会最重要的活动之一，既有新闻价值，也有商业价值。对于一般展出者，重要的是利用其商业价值。开幕式邀请的人员都是政府官员、工商名流和新闻记者，在开幕式当天参观展会的人很多是有价值的商人。

首先，展出者一定要在开幕前完成全部施工、布置工作。开幕后的几个小时是关键时刻，对展出者最为重要。重要人物和重要客户通常在展会开始时就参观。他们巡视展览，如果展台安排妥当就绪，准备接待客人进行业务洽谈，那么这些重要的客户在巡视之后，就会把这样的展台列为接触对象。而仍在施工、布置的展台则是在做反面宣传，会失去这些重要的客户。其次，了解开幕程序和活动，包括开幕式后贵宾参观路线。如果可以，做展会组织者的工作，争取将自己的展台包括在贵宾的参观路线内，这样有利于新闻宣传。最后，确保展台人员全部到位，确保展台人员着装整洁、精神饱满。如果需要，做好摄影和摄像准备。

（九）现场销售

有些展出者将展览会作为直接销售的场所，租用小面积的标准展台，在里面堆满产品，在展台前的过道上放柜台，直接向参观者销售。这样做会扰乱展览会现场秩序，展出者本身也很难通过零售获得足够利润。如果展出者认为有充分理由零售，可以事先与展会组织者商量，也许可以获得同意并被安排在一个合适的位置。如果展出者违反规定强行零售，展会组织者可能会采取强制措施，关闭展台。

在贸易展会上直接零售是违反效率和效益原则的，因此贸易展会通常禁止现场零售。贸易展会是做贸易的场所，展出者应集中精力捕捉潜在客户和贸易机会。向大量普通参观者开放的消费品展览会可能允许零售，但是也需要办理相应的手续并遵守相应的管理规定。

七、撤展后的主要工作

（一）展后跟进

工作的主要内容有：及时整理资料，处理参展期间获得的商机；继续销售；利用感谢之机，回访和问候客户等。

展后跟进工作到位，可以充分利用参展所获得的资源，进一步发挥它们的效益，挖掘它们的潜在效能。

（二）对展览活动的评估

评估的内容主要包括对本企业的参展工作、展出质量以及展出效果进行评估，还包括对整个展览的办展规模、办展水平、办展效果、办展前景等的评估，为以后是否继续参加该展览会，以及如何更好地参加该展览会积累经验。

相关范例样本

一、企业参展程序范例

企业参展程序

企业一旦做出参展决定，接下来应注意什么，澳大利亚国际贸易发展中心为此提出了忠告：

（1）展出前确认业务目标。为什么要办展览？是否需要寻找适销市场和新客户？是否想要介绍新产品或提供新的服务项目？是否为新代理商或批发商？对办合资企业是否感兴趣？是否通过展览来研究或开发市场？

（2）展前要仔细地选择和研究销售市场。

（3）充分做好展前的各项准备工作。

（4）选择理想的代理人。

（5）确定参展商品。客户尤其国外客户关心的是最新或质量最好的产品，切勿展出过时的产品。

（6）了解展会的全部具体要求。要清楚地知道展会的全部规则、展出时间、服务项目及参展所需办理的手续。

(7) 应选派熟悉情况、可以做主的人赴会。参展人员应该了解公司的销售意图。如果展览的产品是有关技术和仪器设备，还应选派懂技术的工程师以便解释有关技术问题。

(8) 时间安排要充裕。应提前到会以确保展摊秩序井然，展品状态良好。展会结束后，要有时间充分听取意见。

(9) 应把业务和礼节很好地兼顾起来。要为展摊设置足够的人员。

(10) 要重视展会宣传。展前及展期应该出版有吸引力的商业期刊和报纸。

(11) 了解当地习俗。参展前要熟悉当地节日、假期、市场的季节性及消费者习惯等。

(12) 寄送产品样本。

(13) 要为国外用户提供服务。

(14) 要用公制标出产品的规格。国际上通用的是公制。所以，出展前，要准备好产品规格和公制数据。

(15) 越过语言障碍。参展人员最好会一种外语。

(16) 关于资信和付款方式。首先应了解外国代理人的资信，可以通过银行进行，也可以从咨询公司得到；还应该了解有关保险、付款方式等方面的情况。

(17) 要保护专利权和商标权。如果你已取得专利或他国国内商标权，就应该与你的专利代理人研究如何使这种商标或专利在海外继续得到保护。世界上大多数国家都对专利或商标权给予保护。

需要指出的是，决定是否参加一个商展，最重要的工作是研究要送展的产品在即将举办展会的国家或地区有无潜在市场，有没有可能找到销路。参展商的主要目的是推销产品。

二、参展方案策划书范例

参展方案策划书

一、参加展会

第十届国际（××）建筑材料及装饰材料博览会。

二、主办单位

中国建筑材料联合会、中国建筑金属结构协会、××省经济和信息化委员会、落霞集团。

三、承办单位

××省建材工业协会、××市建设机械与建筑材料协会、××省建设机械行业协会、××泛海国际会展有限公司。

四、参展时间

2016年7月19日至21日，为期3天。

五、参展地点

××国际会展中心。

六、参展位置

×××。

七、展会主题

×××。

八、参展目标

1. 与展会主办方、承办方密切合作做好参展工作，充分利用此次展会平台宣传我们（公司名称）的整体实力，在行业内树立良好形象。

2. 营造最新科技概念产品即将投放市场销售的氛围。

3. 谋求与业内各界人士更广泛的合作，扩大公司的影响范围，提高影响力。

4. 收集意向客户合作信息资料，为后续产品正式推向市场打下基础。

九、参展准备

（一）参展资料

1. 宣传资料

（1）宣传单：精制宣传单页10 000张。A4纸大小，铜版纸双面彩色印刷。用于宣传（公司名字）整体实力，介绍产品特点、产品功能、适用群体。

（2）宣传册：精装宣传册5 000份。介绍产品设计理念、产品功能组成、适用群体、市场前景。

（3）邀请函：用于展会前嘉宾邀请。邀请可采用传真、邮件及书信等方式。

2. 洽谈资料

（1）名片。营销人员每人200张，其他参展人员如公司有印名片的必须带上。

（2）证书复印件：

①营业执照复印件共2张加盖公章。

②税务登记证（国税、地税）复印件共2张加盖公章。

③组织机构代码证复印件2张加盖公章。

（3）其他资料：

①特邀嘉宾名录，打印2份。

②客户资料统计表，用于详细登记客户信息和合作意向。

③工作笔记本用于参展活动记录或采访。参展人员每人一本。

④签字笔用于参展活动记录。参展人员每人一支。

⑤印有（公司名字）宣传内容的纸制拎袋200个（由营销一部平面设计员负责设计及印刷）。

⑥小礼品。

⑦名片收取盒1个，用于收取咨询客人的名片。

⑧“洽谈处”标识（台式）放置在洽谈桌上。备2个。

（二）参展产品

（产品名称）。

（三）宣传攻势

在（公司名称）集团网站、（公司名称）网站上发布本公司将参加“第十届国际（××）建筑材料及装饰材料博览会”的消息，并做好相关网络优化。说明参展目的，公开参展活动，突出科技产品体验及概念产品即将投放市场这一参展主题。

（四）潜在客户邀请

各渠道专员向潜在客户发出观展、体验邀请函，对应邀客户汇总制表并紧密关注应邀客户的观展动向。

（五）展位布置

展位布置突出公司整体实力，结合参展产品现场和合作洽谈两个功能。

1. 展位楣板文字：（公司名称）集团及（公司名称）全称。

2. 展板选用少量且较大的图片，营造出强烈的视觉效果（详细内容见设计稿）。

3. 用大胆且抢眼的颜色，从远距离即可突现出来，避免易融入背景的中性色彩（详细内容见设计稿）。

4. 室内正面图片文字（详细内容见设计稿）。

5. 铺地毯。

6. 利用标准展台与产品体验展台相结合的组合式展览用具。

7. 使用展会标准照明系统。

（六）辅助设备

1. 自备一台手提电脑，用于现场展示和宣传。

2. 自备照相机一台，用于现场拍摄。DV一台、录音笔一支，用于视频和音频记录。

3. 自备多头电源插座3个，用于电脑及其他接线。

4. 大尺寸显示屏一个（含底座或挂架）用于循环播放公司简介、产品介绍。

5. 箱包若干个，用于装运展会资料和物品。

十、参展活动

（一）展前活动

1. 与本届主办方、承办方保持紧密沟通，确保参展工作顺利进行。

2. 在相关媒体、门户网站、推广平台进行前期宣传和报道。

3. 邀请相关媒体进行采访，邀请潜在客户进行现场体验及洽谈。

（二）展中活动

1. 按参展人员分工，有序进行接待、介绍、体验、洽谈事宜。

2. 设计员做好展会相关的拍照、录像事宜，将火爆场面定格留存。

3. 安排人员负责材料发放、嘉宾登记和现场维护工作。

4. 公司领导及相关人员与行业协会等业内人士广泛接触，谋求合作。

5. 每位参展人员携带规定数量的礼品，视情况向重点客户和嘉宾赠送。

（三）展后活动

1. 对展会效果在公司网站及相关行业媒体、门户网站进行宣传报道。

2. 制作此次成功参展的宣传视频，作为以后宣传推广素材。

3. 对展会上获取的资料、信息进行整理运用。

4. 对重要客户及时跟进服务和营销。

5. 评价参展成果，总结参展工作。

十一、参展人员（见后续参展人员分工明细）

十二、参展费用预算（详细预算见后续参展预算表格）

十三、注意事项

1. 展会前提前办理好各项手续。

2. 布展要按照展会中心要求进行，注意安全。

3. 展前列出参展物品清单，往来依据物品清单整理东西，以免丢失或遗漏。

4. 展前、展中关注重要嘉宾的行踪，及时热情接待。

5. 展会上不准吸烟、吃小食品，饮料瓶不可随意摆放，须保持展区清洁。

6. 衣着整洁。男士：上身穿（公司名字）工衣，尽量佩戴领带，下身为黑色长裤；女士：上身穿（公司名字）工衣，下身为裙子。

7. 佩戴胸卡、精神饱满、注意形象。

8. 参展期间每天开晨会和晚会，布置和总结一天的工作。

2016 年 6 月 2 日

思考与练习

一、问答题

1. 企业参展的人际交往主要有发函、打电话、拜访等，从展前客户沟通的角度来看，还有哪些方法？

2. 参展商应当从技术、能力和性格等方面选择参展工作人员，试述参展商的展台工作主要有哪些。

二、实训题

如你所在的企业是一家集种植、销售、加工于一体的公司，主导作物为橘子、李子、西梅、草莓等，现计划参加年末的农业博览会，请你按照参展的要求做好此次参展工作。

三、案例分析

“Thank you for your great service.”这是一位美国佛罗里达州迈阿密市的商人近日发来的电子邮件里面的一句话，意思是对中国义乌国际小商品博览会（简称“义博会”）组委会客商服务中心的服务表示感谢。

原来，商城展览作为义博会的展务执行机构，其客商服务中心承接义博会的各项客商服务工作，以“一站式”服务为宗旨，以工作模块划分工作职责，责任到人，大大改善了义博会的服务效率，基本上达到了“有求必应”的服务要求。客服中心携手义博会参展商发送邀请函，通过几千家参展企业向更多的客商发送近 5 000 份邀请函。由参展商邀请的客商可以向客服中心申请提前办理入场证。在接到电子邮件、网上咨询及电话传真等各种形式的咨询时，客服中心以“谁接到的谁负责到底”的原则，做到责任到人的一对一对接服务。房间预订是客商服务中心的重头服务内容。义博会客商服务中心克服外商文化背景不同、时差等困难，由专人负责、跟踪，尽力满足参展商、采购商的订房需求，通过展期房务预订服务，来提高客房预订订单处理的成功率。

案例来源：许传宏. 会展服务与现场管理［M］. 北京：中国人民大学出版社，2008.

请分析义博会办会的成功之处。

参 考 文 献

1. 王首程. 会议管理［M］. 高等教育出版社，2003.
2. 范立荣. 秘书国家职业资格培训教程［M］. 北京：海潮出版社，2003.
3. 张晓彤. 高效会议管理技巧［M］. 北京：北京大学出版社，2003.
4. 杨想生，刘文华. 管理学原理［M］. 北京：科学出版社，2004.
5. 李海峰，李鼎新. 简明管理学教程［M］. 北京：科学出版社，2004.
6. 马红光. 企业管理［M］. 北京：科学出版社，2005.
7. 天虹. 会议管理实务［M］. 北京：中国纺织出版社，2005.
8. 吴士健，张国利. 秘书快速写作与快速记录［M］. 北京：中国人民大学出版社，2005.
9. 王方华，奚俊芳. 营销渠道［M］. 上海：上海交通大学出版社，2005.
10. 刘森. 商务秘书实务与训练教程［M］. 成都：西南财经大学出版社，2006.
11. 滕宝红. 会议管理实操细节［M］. 广州：广东经济出版社，2006.
12. 张江艳. 电子公文写作实训教程［M］. 北京：高等教育出版社，2006.
13. 卢斌，刘永成. 信息工作与调查研究［M］. 北京：高等教育出版社，2006.
14. 连小华. 公共关系学［M］. 长春：吉林大学出版社，2006.
15. 廖雄军. 会议组织规范与技巧［M］. 南宁：广西人民出版社，2007.
16. 王宏，廖天. 高级文秘岗位职业技能培训教程［M］. 广东经济出版社，2007.
17. 许传宏. 会展服务与现场管理［M］. 北京：中国人民大学出版社，2008.
18. 郑建瑜. 会议策划与管理［M］. 天津：南开大学出版社，2008.
19. 拉尔夫·雷纳蒙，艾琳娜·贝加尔斯维亚. 企业新闻发布会操作手册［M］. 姚小风，张清华，译. 北京：人民邮电出版社，2008.
20. 罗春娜. 秘书礼仪［M］. 北京：中国劳动社会保障出版社，2009.
21. 向阳. 秘书会务管理［M］. 北京：北京大学出版社，2009.
22. 郭冬. 实用写作范例点评［M］. 北京：高等教育出版社，2009.
23. 中国人寿保险股份有限公司教材编写委员会. 销售会议管理［M］. 北京：中国金融出版社，2010.
24. 梁春燕. 会议组织与服务［M］. 北京：北京大学出版社，2010.
25. 向阳，强月霞. 会议策划与组织［M］. 重庆：重庆大学出版社，2010.
26. 潘彦维，杨军. 公共关系［M］. 北京：北京师范大学出版社，2011.
27. 吴良勤，陈建国. 会议组织与管理［M］. 北京：中国劳动社会保障出版社，2011.

28. 李艳婷. 现代会议组织与服务［M］. 北京：中国人民大学出版社，2012.
29. 赵志强. 会议管理实务［M］. 北京：中国人民大学出版社，2012.
30. 胡伟，成海涛，王凌. 会议管理［M］. 大连：东北财经大学出版社，2013.
31. 罗春娜，张智. 秘书实务［M］. 北京：清华大学出版社，2014.
32. 林伟贤，李尚隆. 会议营销实操宝典［M］. 北京：北京时代华文书局，2014.
33. 杨锋. 会议管理［M］. 北京：中国人民大学出版社，2015.
34. 向国敏. 会议学与会议管理［M］. 2 版. 北京：首都经济贸易大学出版社，2016.